사진으로 보는 우리 문화유산

VISUAL HISTORY of KOREA

VISUAL HISTORY of KOREA

Photographs and texts by Hyungwon Kang

사진으로 보는 우리 문화유산

사진·글 **강형원**

차례 contents

한국의 고유함을 오롯이 새긴 유산
UNIQUELY KOREAN HERITAGE

일러두기

• 국내 독자를 비롯한 재외 한국인과 영어권 독자를 위해 한국어와 영어를 병기했으나, 언어와 문화의 다름을 고려하여 국문과 영문의 분량 및 내용에 차이를 두었습니다.

• 문화유산의 국문명은 국립국어원 표준국어대사전을 기준으로 표기했으나, 천연기념물로 지정된 '진도개'의 경우는 예외로 하였습니다.

• 문화유산 명칭, 자연 지명, 행정 구역 명칭 등의 영문 표기는 '국가유산 명칭 영문 표기 기준 규칙', '유네스코에 등재된 세계 유산 명칭', '국어의 로마자 표기법' 등을 두루 참고했습니다.

개정증보판에 부쳐

"세계에서 가장 독특한 고대 문명들을 이야기하자면 단연코 한국을 빼놓을 수 없다."

우리 민족의 찬란한 문화유산을 수년간 취재하면서 내린 결론이다.

선사 시대부터 한반도에 뿌리내리고 살아온 우리 선조들은 산에서는 범, 바다에서는 고래를 사냥하면서 척박한 환경을 개척해 왔다. 또한 주변 나라들을 압도하며 이 땅을 지키고 고유한 문화를 꽃피웠다. 오늘날 남아 있는 역사의 흔적에서 수많은 전쟁과 외세의 침략에도 흔들림 없이 발전해 온 한국의 찬란한 문화를 엿볼 수 있다. 그중에서도 고구려 벽화 속 범 사냥꾼들이 탄 말에 달린 등자는 한 가지 중요한 사실을 일깨운다. 로마 제국보다 먼저 등자를 사용하기 시작한 앞선 기술과 혁신이 21세기를 사는 우리의 현재, 그리고 미래 경쟁력의 바탕이라는 사실이다.

나는 경제적으로 빈곤했던 시대에 한국에서 태어났다. 1970년대 중반 우리 가족은 한국을 떠나 미국에 정착했다. 미국에서 학창 시절을 보내고 주류 언론사에서 기자와 편집인으로 33년간 활동하면서 잊지 못할 영광의 순간도 있었지만 안타까운 순간 또한 많았다. 특히 어색한 영어로 어설프게 표현된 모국의 역사와 문화를 접할 때 가슴이 아팠다. 왜곡된 정보나 불충분한 설명을 접한 이민 세대들이 자칫 한국인의 정체성을 잃게 될지도 모른다는 아찔한 생각까지 들었다.

시대가 바뀌고 세상이 변했다. 한국은 이미 선진국 대열에 들어섰으며, 문화 강국으로 자리 잡았다. 그 변화와 발전을 지켜보면서 우리 역사와 문화의 참모습을 기록하고 싶은 마음이 더욱더 절실해졌다. 'Visual History of Korea' 프로젝트는 이런 마음에서 출발했다. 2020년 나는 한국에 들어와 우리 문화유산을 취재하며 한번 보면 잊지 못할 사진으로 기록하고 한국어와 영어로 칼럼을 연재하기 시작했다.

사진은 서로 사용하는 문자가 달라도 소통할 수 있는 만국 언어이다. 특히 이미지로 정보를 접하는 것에 익숙한 비주얼 세대에게는 사진이야말로 우리 역사와 문화를 전달할 수 있는 좋은 수단이다. 무엇보다 사진에는 소중한 시간을 영원히 멈추는 힘이 있다.

2022년은 Visual History of Korea 프로젝트가 첫 결실을 맺은 뜻깊은 해이다. 미국에서 기자로 일하며 틈나는 대로, 한국에 들어온 뒤에는 본격적으로 우리 역사와 문화를 취재한 기록을 엮어 《사진으로 보는 우리 문화유산》을 출간했다. 세계에 자랑할 만한 우리 문화와 역사를 다음 세대와 세계 곳곳에 살고 있는 한국인, 한국 문화에 관심 있는 외국인에게 널리 알리려는 시도와 의지의 결과물이다. 출간 이후 많은 매체와 강연장에서 독자들을 만나고 있으며, 한국 내에서뿐만 아니라 미국과 유럽 등을 오가며 이 책과 함께 우리 문화유산을 소개하고 있다.

새 옷으로 갈아입은 이번 개정증보판에서는 2025년 광복 80주년을 맞아 우리 민족의 정신과 자주독립의 염원이 담긴 '태극기'를 새롭게 조명한다. 한국에 현존하는 태극기 중 가장 오래된 '데니 태극기'를 비롯하여 중국 상해에 있는 대한민국 임시 정부, 미국 워싱턴에 있는 주미 대한 제국 공사관 등의 역사 장소를 실었다. 또한 국립백두대간수목원 백두산호랑이보전센터와 손잡고 취재한 결과물로, 수천 년간 백두대간을 호령했으나 일제의 무자비한 남획 탓에 지금은 씨가 말라 버린 '한국 범(호랑이)'을 새롭게 소개한다. 더불어 '종묘 제례와 종묘 제례악', '한글', '증도가자 금속 활자' 편 등에는 후속 취재를 거쳐 업데이트된 내용과 사진을 담았다.

《사진으로 보는 우리 문화유산》 개정증보판이 국내외의 더 많은 독자들을 만날 수 있기를, 우리의 다음 세대들이 한국인이라는 자부심과 정체성을 잃지 않고 자랑스럽게 여기며 어여쁘게 지켜 나가는 데 이 책이 보탬이 되기를 바란다.

2025년 4월 한국에서 강형원

Preface

Visual History of Korea Vol. 1

Korean civilization is one of the world's oldest, making significant contributions to humanity over the millennia.

Unforgiving environments were no match for Koreans who have thrived despite natural calamities and invading forces. Since prehistoric times, Koreans have been hunting Whales in the sea and Tigers in the mountains.

Despite centuries of wars and looting by hostile nations, the evidence of Korea's ancient history still abounds.

Part of that history is the Korean language itself. Hangeul is a simple phonetic alphabet with three-part construction that allows for numerous variations. This makes Hangeul uniquely capable of transcribing all sounds and spoken languages into legible writings. The ancient nature of the spoken Korean language is reflected by the fact that it has the largest set of vocabularies of all known languages.

The perfect complement to Korean culture, history and written language is the universal visual language of photography, brought to peak expression using 21st century technology.

Korean American photojournalist and columnist Hyungwon Kang grew up on the West Coast of the United States and spent more than three decades in the mainstream US media.

Kang is a veteran photojournalist, columnist and two-time Pulitzer Prize winner who was a member of the team that won the Spot News award in 1993 for L.A. Riots coverage, and the Feature Photography award in 1999 for Clinton Lewinsky scandal coverage.

In this work, Kang set out to document Korean history and culture - largely unknown to the rest of the world - through the use of storytelling pictures.

Kang has chronicled visual evidence of the continuity of Korean history in pictures. The range of history covers prehistoric times, the Bronze Age, the Iron Age, and modern times. The specific chapters of history includes the Ancient Joseon from 2,333 BCE, the founding civilization of East Asia, followed by formations of Buyeo, Goguryeo, Baekje, Balhae, and Gaya Kingdoms and confederacies. These became a part of a singular Korean Silla Kingdom through 935 CE, only to be reinvented into the Goryeo Empire and then into another Korean Joseon Kingdom that was reborn as modern Korea in the 20th century.

Kang's Visual History of Korea documents Korea's long history plus the most recent century of dynamic and often tumultuous Korean culture meeting face to face against the rest of the world in the 21st century.

Hyungwon Kang, Seoul, April 2025

UNESCO WORLD HERITAGE

세계가 기억할

빛나는 한국의 유산

고창 도산리의 탁자식 고인돌 The Gochang Dosan-ri Dolmen at sunrise

고인돌

Korean Dolmen

한국은 청동기 시대의 고인돌 왕국

고인돌은 지배 계층을 위해 만들어진 무덤으로 알려졌지만, 제사를 지내던 제단으로 보는 견해도 있다. 전 세계에 8만여 기의 고인돌이 있는데, 그 가운데 4만~4만 5000여 기가 한반도에 남아 있다. 특히 전라북도 고창, 전라남도 화순, 인천광역시 강화에는 다양한 형태의 고인돌이 수백 기 이상 모여 있으며, 2000년 유네스코 세계 문화유산으로 등재되었다.

Korea is the Dolmen capital of the World

The abundance of Dolmen monuments is proof that ancient Korea was a happening place during the prehistoric period.

The Dolmens are megalithic burial monuments and places of worship, estimated to have been erected from the early Neolithic period into the Bronze Age.

Agricultural development during those times was crucial for the growth of organized communities and population growth. Successful agriculture also enabled an established civilization with a large enough population and labor force which would have been a prerequisite to building large projects like the Dolmens in Korea.

While Dolmens are found worldwide, there are more in Korea than anywhere else in the world. Researchers count about 45,000 Dolmens in Korea, out of some 80,000 worldwide.

Three areas of Korea, in particular, have large collections of Dolmens. The Gochang region has the greatest number and variety of Dolmens, followed by the Hwasun region and the Ganghwa islands. Korea contains the highest density of Dolmens of any country in the world. It is only fitting that the word "Dolmen" contains "Dol", which means stone in Korean.

고창군 고수면 부곡리 연동마을의 고인돌 A pair of Dolmen in Gosu-myeon, Gochang-gun

선사 시대에 우리 선조들이 자리 잡은 곳이자 전 세계에서
고인돌이 가장 많이 모여 있는 땅. 한반도는 '고인돌 왕국'이었다.

　우리나라의 고인돌 중에는 300톤이 넘는 것도 있는데, 이처럼 굉장한
무게와 크기의 고인돌을 세우려면 많은 노동력과 이를 관리할 수 있는 조
직적인 사회, 풍부한 식량 등과 같은 조건들이 뒷받침되어야 한다. 한반도
에 고인돌이 많이 남아 있다는 사실은 우리 선조들이 이 같은 조건들을 이
미 갖추고 있었음을 증명하는 것이니, 참으로 놀라운 역사가 아닌가.

　고창 죽림리 일대에서만 550여 기의 고인돌이 발견되었으며, 조사 이전에 파괴된 수까지 고려하면 1000여 기의 고인돌이 있었던 것으로 추정된다. 고창 죽림리 일대는 예로부터 고창천과 넓은 들판을 끼고 있어서 농사짓기에 알맞은 지역이었다. 그래서 일찍부터 많은 인구가 모여 집단을 이루고 문화를 만들었을 것이라 추측된다.

　고인돌은 다양한 문화를 보여 주는 증거가 되기도 한다. 고창은 탁자식, 바둑판식, 개석식 등 다양한 형태의 고인돌이 한곳에 모여 있는 세계 유일의 고인돌 유적지이다. 이를 통해 고창 일대를 중심으로 다양한 문화가 만나고 형성되었음을 알 수 있다. 고인돌에서 사람의 유골이 종종 발견되기도 했는데, 그중에는 서양인의 DNA를 가진 유골도 있어 한반도에 다양한 민족이 모여 살았다는 증거로 볼 수 있다.

　고인돌에서 '돌'이라는 단어는 무척 흥미롭다. 전라도 사투리로 돌을 '독'이라고 하는데, 고대 중국어 연구에 따르면 '돌 석(石)' 자의 고유 발음이 '독'이었다고 한다. 한자가 우리 문화권에 뿌리를 두고 있다는 것을 짐작할 수 있다. 영어로는 고인돌을 Dolmen(또는 Dolmens)이라고 부르는데, 어째서 'Dol(돌)'이라는 발음이 들어 있는지 참 신기하다. 그 인과 관계를 밝히는 것은 오늘날 우리의 몫이 아닐까.

고창 운곡리의 초대형 고인돌 The World's largest Dolmen, the Ungok-ri Dolmen in Gochang

탁자식 고인돌인 강화 부근리 지석묘 The Dolmen in Bugeun-ri, Ganghwa, the most iconic Dolmen of Korea

백제 금동 대향로

Great Gilt-bronze Incense Burner of Baekje

국립 부여 박물관에 전시된 백제 금동 대향로 The Great Gilt-bronze Incense Burner of Baekje at the Buyeo National Museum

동아시아의 해양 제국, 백제의 숨결

유네스코 세계 문화유산으로 등재된 백제 역사 유적 지구. 1993년 이곳의 능산리 절터에서 백제 금동 대향로가 출토되었다. 백제 금동 대향로는 크게 몸체와 뚜껑으로 구분되며, 뚜껑 장식과 받침대를 포함해서 4개 부분으로 이루어져 있다. 나라의 제사에 쓰였던 향로로 추정되며, 백제의 금속 기술과 예술성, 정신세계가 모두 깃든 문화유산으로 평가받고 있다. 현재 국보로 지정되어 있다.

Seafarers of Baekje Empire

The Baekje Empire had a significant presence in East Asia starting about two thousand years ago.

Korean civilization, which is one of the world's oldest continuous civilizations, had profound spiritual and philosophical foundations in Dohak, or Taoism, Confucianism and Buddhism during the Baekje Empire.

The Gilt-bronze Incense Burner of Baekje, considered the epitome of the Baekje Empire's metalcraft and artistry, offers a fascinating window into the world of the Baekje people's spirituality and history. Incredibly, the Incense Burner clearly features a person riding an elephant. Researchers have discovered fossil elephant footprints in Jeju island, carbon dated to about 4,000 years ago.

The Baekje Empire, which uniquely used a sexagenary cycle calendar, had vassal states surrounding the West Sea (Yellow Sea) and the rest of Asian kingdoms along the continent's coasts.

When King Muryeong (462-523) of Baekje died, his coffin was made with Japanese umbrella-pine lumber. His burial chamber was made with bricks from the mainland in typical Liang Dynasty (502-557) burial style.

백제 금동 대향로 뚜껑에 장식된 봉황 A Phoenix sits on top of the Great Gilt-bronze Incense Burner of Baekje

백제 금동 대향로는 백제의 높은 문화 수준과 백제인의 정신세계, 백제와 주변 국가들의 관계까지 모두 품은 걸작이다.

높이 61.8센티미터, 무게 11.8킬로그램에 이르는 백제 금동 대향로는 뚜껑 맨 위에 여의주를 품은 봉황이 앉아 있고 그 아래로 산봉우리들이 층층이 깔려 있는 모습이다. 봉황 아래로는 5명의 악사를 비롯하여 신선으로 보이는 사람, 사냥꾼, 낚시하는 사람 등의 인물과 새, 말, 호랑이, 사슴, 사자, 원숭이, 멧돼지, 코끼리, 낙타, 악어, 물고기 등 실존하는 동물과

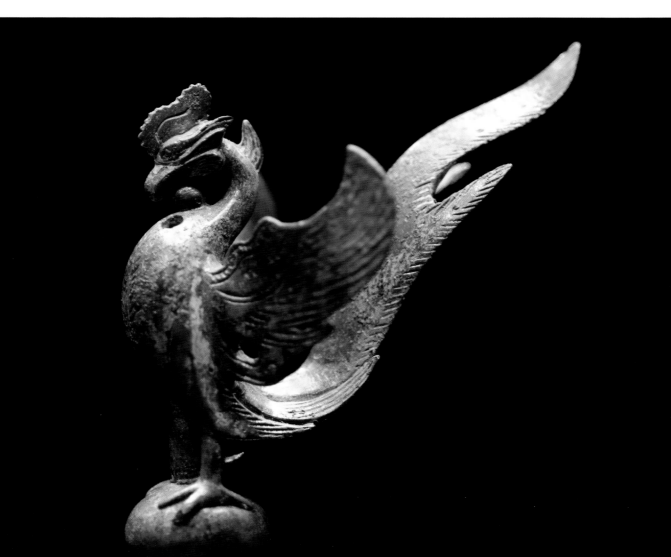

상상 속의 동물이 산봉우리마다 배치되어 있다. 연꽃무늬와 물결무늬가 새겨진 몸체는 연꽃이 활짝 피어 있는 연못처럼 보인다. 맨 아래에는 용한 마리가 이를 안정감 있게 받치고 있는데, 마치 물결을 박차고 올라가는 용의 입에서 연꽃 봉우리가 피어나는 듯하다. 백제 금동 대향로는 최고의 경지에 이른 백제의 금속 공예 기술뿐만 아니라 신선, 산봉우리 등으로 표현된 도교 사상과 연꽃 등으로 표현된 불교 사상이 한데 어우러져 있는 백제의 걸작품이다.

백제는 기원전 18년에 세워져 660년에 멸망할 때까지 서해를 무대로 화려한 문화를 펼쳐 나갔다. 백제 금동 대향로에는 코끼리, 원숭이, 악어 등 당시 동남아시아 에서나 볼 수 있었던 동물들이 조각되어 있는데, 이는 곧 백제가 아시아 대륙의 해안선을 따라 동아시아의 많은 나라들과 교류하면서 융성하고 화려한 문화를 꽃피운 해양 제국이었다는 사실을 뒷받침한다.

백제의 찬란한 전성기를 이끈 근초고왕 시절, 북쪽으로는 고구려 영토의 일부를 차지하며 영토를 넓혔을 뿐 아니라 서해에서 일본으로 이어지는 해상 교통로를 확보해 일본, 중국 동진과도 활발히 교류했다. 백제가 중국 요서 지방까지 진출했다는 학설도 존재한다. 백제는 특히 일본과 꾸준히 교류하며 문화, 학문, 기술 등을 많이 전해 지금도 일본에서는 백제의 흔적이 남아 있는 유물을 찾아볼 수 있다.

백제 금동 대향로에 새겨진 코끼리 An elephant is featured on the Great Gilt-bronze Incense Burner of Baekje

백제 금동 대향로에 새겨진 원숭이 An ape is featured on the Great Gilt-bronze Incense Burner of Baekje

경주 첨성대

Cheomseongdae Observatory, Gyeongju

가장 오래된 천문대인 경주 첨성대 The Cheomseongdae Observatory, the oldest surviving astronomical observatory in the world

세계에서 가장 오래된 천문 기상 관측대

첨성대는 원래 모습 그대로 보존되어 있는 천문대 중 세계에서 가장 오래된 천문 기상 관측대이다. 유네스코 세계 문화유산으로 등재된 경주 역사 유적 지구 가운데 신라 천년 왕조의 궁궐터, 월성 지구에 우뚝 서 있다. 우아하고 완벽한 형태도 우수하지만, 돌 하나하나에 신라 사람들이 담은 의미와 과학적인 계산, 천문학의 발전까지 층층이 쌓여 있어서 그 가치가 매우 높다. 현재 국보로 지정되어 있다.

A witness to 1,400 years of celestial phenomena

Korean civilization from early on relied on celestial observations for agriculture and for spiritual guidance.

Reading the celestial skies and understanding the mandates of heaven has always been the exclusive domain of kings and emperors.

Cheomseongdae Observatory, the oldest surviving astronomical observatory in the world, was built inside the Silla palace grounds.

The bottle-shaped astronomical observatory is 9 meters tall, 5 meters wide at the bottom, and about 3 meters wide at the top. The bottom is round, reflecting the ancient belief that the sky is round, while the top has a square finish, reflecting the ancient belief that the earth is square.

Researchers recently discovered that the gentle outline of Cheomseongdae's exterior aligns with a mathematical graph of the lengths of the days of the year. The summer solstice, the longest day of the year, at the bottom, and the winter solstice, the shortest day of the year at the top.

For almost 1,400 years, Cheomseongdae has withstood all weather events and multiple earthquakes, standing upright and holding its original shape.

365개의 돌로 쌓아 만든 첨성대 The Cheomseongdae in Gyeongju is built with 365 pieces of stones

첨성대는 당시 우리 선조들의 석축 기술이
얼마나 과학적이고 아름다운지를 여실히 보여 준다.

　　예로부터 밤하늘에서 벌어지는 현상을 관측해 얻는 정보는 국가의 존재와 안전과 관련된 기밀이었다. 그래서 천체에 관한 일은 국가에서 관리하고 기록해 왔다. 천문학에 대한 국가의 관심은 고조선부터 삼국 시대와 통일 신라 시대에 이르기까지 이어졌는데, 그 덕분에 우리 선조들의 천체 관측 기록이 지금까지 자세히 전해질 수 있었다. 우리 선조들은 별의 생김

새를 분석하기보다 천체나 기상 패턴을 관찰하여 농사의 풍흉을 점치고, 밤하늘의 현상을 관측하여 하늘의 뜻을 이해하려고 했다.

첨성대는 받침대 역할을 하는 기단석, 원통 모양의 몸통, 맨 꼭대기의 정자석으로 이루어져 있다. '하늘은 둥글고 땅은 네모난 모양(천원지방)'이라는 우리 선조들의 믿음이 반영된 것으로 보인다. 높이는 약 9미터이며, 27단의 몸통, 각각 2단으로 된 기단석과 정자석, 이렇게 총 31단으로 쌓아 올려져 있다. 돌의 개수는 365개로 1년의 날 수와 같으며, 27단의 몸통은 신라 제27대 왕인 선덕 여왕을 가리킨다. 정사각형 창문의 위아래로 12층씩, 총 24층은 각각 12개월과 24절기를 상징한다.

1400년이 넘도록 완전한 모습으로 남아 있는 첨성대는 2016년에 일어난 규모 5.8의 경주 지진과 2017년에 일어난 규모 5.4의 포항 지진을 거뜬히 견뎌 냈다. 강한 지진을 견딜 수 있었던 이유는 과학적인 축조 기술과 디자인에서 찾을 수 있다. 신라 사람들은 흙과 자갈로 땅을 다진 뒤 그 위에 기단석을 깔고, 원형으로 만든 몸통 아래로 12단까지 흙과 자갈을 채워 넣었다. 여기에 더해 총 8개의 대들보를 가로질러 엮고, 꼭대기에 '우물 정(井)' 자 모양의 돌을 얹어 서로 맞물리도록 만들었다. 이러한 설계 덕분에 오랜 시간 동안 흔들리지 않고 굳건히 버틸 수 있었던 것이다.

학자들은 첨성대를 세운 선덕 여왕 때를 기준으로《삼국사기》에 신라의 천문 기록 수가 확 늘고 내용도 정밀해졌다고 말한다. 또 15세기에 편찬된《세종실록지리지》와 16세기에 편찬된《동국여지승람》에도 평양성 안에 첨성대의 유적이 있었다는 기록을 제시하면서 첨성대가 천체를 관측하는 데 유용했을 것이라고 이야기한다.

첨성대 방문을 기념하는 한 커플 A couple documents their visit to the Cheomseongdae in Gyeongju

신라의 유리그릇

Roman Glass Products in Silla

신라에서 발굴된 로마 시대의 유리그릇 A Roman glassware from the Silla Kingdom period at the National Museum of Korea

서양의 유리, 실크 로드 끝자락의 신라로

경주 역사 유적 지구의 천마총, 금령총, 서봉총, 금관총, 황남대총 등 신라 시대 왕릉급 무덤에서 30점에 가까운 유리그릇이 출토되었다. 특히 1973~1975년 황남 대총 발굴 조사 당시 봉수형 유리병을 포함한 독특한 유리잔들이 세상에 나왔다. 이 유리그릇들은 당시 신라가 서양과 어떻게 교류했는지, 신라 사람들이 얼마나 유리 그릇을 귀하게 여겼는지 밝혀 줄 단서가 된다.

Roman treasures at the end of the Silk Road with Silla

Korean burial tradition includes sending treasured items of significance with the deceased. Most Korean antique trading came from these underground treasures, originally buried in ancient tombs of Korea's long history.

A Phoenix-shaped Glass Ewer from the 5th century Silla period, dug up in 1975 from Hwangnamdaechong, the largest royal tomb of Silla. This ewer has intrigued Koreans for decades about its origin, as its aesthetics are definitely of a foreign nature.

Researchers made the connection between some 30 glass products excavated from Silla Royal Tombs in the ancient capital city of Gyeongju with similar glassware found in central Asia and in the Middle East. The ancient trading of Roman goods passed through the Steppe Route that was part of the original Silk Road. It stretched over the Eurasian plains and continued all the way to Silla.

Roman glass products were traded over the Eurasian Steppe to end up in Silla of Joseon (founded 2,333 BCE). The silk merchants who traded with Romans from the far east were called Seres the silk people of Silla.

The Phoenix-shaped Glass Ewer, dug up in 1975, was made in Syria.

고대 로마 제국에서 만들어진 유리그릇들은
어떻게 신라로 전해져 사랑받게 되었을까?

　기원전 2세기부터 우리 선조들은 이미 유리 대롱옥 등 유리 공예품을
만들 수 있는 기술을 갖고 있었지만 신라 사람들, 특히 신라의 지배층은
유독 다른 나라에서 들여온 유리그릇을 금이나 보석보다도 소중하게 여겼
다. 황남대총 남분에 묻혀 있던 로마산 봉수형 유리병은 얼마나 귀한 대접
을 받았는지 발굴 당시 부러진 손잡이를 금실로 수리해 놓은 상태였다.

현재 국보로 지정되어 있는 봉수형 유리병은 지난 수십 년 동안 많은 학자들의 연구 대상이었다. 로마의 유리그릇과 봉수형 유리병을 10년 넘게 연구해 온 경북대학교 박천수 교수는 봉수형 유리병이 100퍼센트 로마의 유리병이라고 밝혔다. 당시 로마에서는 유리그릇을 로마 본토, 시리아, 이집트의 알렉산드리아, 로마의 식민 도시였던 쾰른(독일) 등에서 만들었는데, 신라에 들여온 유리그릇은 시리아에서 만들어졌다는 것이다.

　　당시 로마의 유리그릇은 초원길, 바닷길, 오아시스로 등 '실크 로드(비단길)'를 통해 동아시아에 전해졌다. 중국 대륙에 자리했던 북위나 송나라보다 신라에서 유리그릇이 더 많이 발견되었다는 박 교수의 연구 결과를 미루어 보면, 한반도에는 북방 초원길을 통해서 유리그릇이 들어왔다고 짐작할 수 있다. 황남대총 남분에서 발굴된 그물 무늬 유리잔과 중앙아시아 카자흐스탄의 카라아가치 고분에서 나온 그물 무늬 유리잔이 매우 비슷하다는 점은 황남대총의 유리그릇이 초원길을 통해서 신라로 전해졌다는 사실을 뒷받침한다.

　　신라에서 황금보다 더 귀한 대접을 받았다는 로마의 유리그릇은 'silk'라는 단어가 고구려의 '실꾸리(둥글게 감아 놓은 실타래)'에서 비롯되었으며, 고대 그리스·로마에서 '비단의 민족'이라 부르던 '세레스(Seres)'가 고대 신라 사람을 가리키는 단어라고 밝힌 여러 연구 결과와 더불어 당시 신라가 실크 로드를 통해 끊임없이 다른 나라들과 교류한 글로벌 국가였음을 증명하는 중요한 단서가 된다.

　　현재까지 10기의 신라 왕릉급 무덤에서 30점에 가까운 유리그릇이 출토되었다. 아직 발굴되지 않은 신라 왕릉급 무덤이 최소 100여 기가 더 있다는 점에서 머지않아 귀한 보물들이 더 많이 출토될 것으로 기대된다.

금실이 감겨 있는 로마산 봉수형 유리병 A Roman Phoenix-shaped Glass Ewer from the 5ᵗʰ century royal tomb of Silla

경주에서 출토된 로마 시대의 유리잔 A Roman Glass Cup from the 6th century Silla tomb in Gyeongju

팔만대장경판과 장경판전

Printing Woodblocks of the Tripitaka Koreana
& Janggyeong Panjeon

장경판전에 보관되어 있는 팔만대장경 목판 The Tripitaka Koreana wooden printing block at Janggyeong Panjeon

고려 목판 인쇄와 건축 과학의 정수

팔만대장경은 1236년부터 1251년에 걸쳐 완성된 고려 시대의 대장경으로, 부처의 힘으로 외적을 무찌르기 위해 만들어졌다. 경판의 수가 무려 8만 1352개에 이르며, 사찰에서 별도로 제작한 제경판과 함께 2007년 유네스코 세계 기록 유산으로 등재되었다. 현재 합천 해인사 장경판전에 보관되어 있다. 과학적인 설계로 지어진 장경판전 역시 1995년 유네스코 세계 문화유산으로 등재되었다.

Wooden Printing Blocks Perfection of Tripitaka Koreana

No civilization accomplished the recording of all known Buddhist thought as the Goryeo Empire did, some seven centuries ago during a time of war and a clash of empires.

While Korea was head and shoulders above the rest in inventing metal printing types during the early 13th century, the Goryeo people had also perfected woodblock printing with Palman Daejanggyeong, the 80,000 Tripitaka.

Tripitaka refers to the three categories of Buddhism teaching: scriptures, rules and Buddha's own words. Palman Daejanggyeong meticulously chronicles them all in a whopping set of 52,330,152 Hanja characters carved on both sides of the 81,352 wooden printing blocks.

One of the mysteries of the 81,352 wooden printing blocks is the machine-like consistency of the hand carved 52 million characters as if they were inscribed by a single person with impeccable calligraphy.

The Palman Daejanggyeong is a collection of all known Buddhist knowledge up until the 13th century, and is the most comprehensive encyclopedic collection of Buddhism studies today.

정교한 필체의 팔만대장경 목활자 A close-up view of the Palman Daejanggyeong wooden printing block

목판 인쇄의 걸작인 팔만대장경판과 이를 보관하는 장경판전.
높은 인쇄 기술과 건축 기술을 완성한 것은 고려 사람들이었다.

인류 역사상 가장 위대한 혁신 중 하나는 인쇄술이 발명된 것이다. 고려는 목판 인쇄와 금속 활자 인쇄까지 모두 가능한 나라였다. 이는 당시 뛰어난 기동성을 지닌 기마병을 주축으로 하여 영토를 확장했던 몽골 제국에서도 찾을 수 없는 문명이었다. 고려 시대 목판 인쇄술의 정수를 보여주는 것이 바로 팔만대장경이다.

팔만대장경은 경장, 율장, 논장의 가르침을 비롯하여 13세기 당시의 지식을 집대성한 유산이다. 12세기 초 몽골군이 침략하면서 초조대장경 목판이 불에 타 없어지자, 고려 사람들은 불교의 힘으로 어려움을 극복하기 위해 1236년부터 1251년까지 팔만대장경을 만들었다. 각 경판은 길이 68센티미터 또는 78센티미터, 폭 24센티미터, 두께 2.7~3.3센티미터 정도이며, 산벚나무와 돌배나무를 비롯해 10여 종의 나무를 사용해서 만들어졌다. 목재는 2년 정도 바닷물에 담가 두었다가 소금물로 삶은 뒤 1년 정도 말려서 사용하는데, 갈라짐과 뒤틀림을 예방하기 위해서였다. 경판에 새긴 글자 수는 5200만 자가 넘으며, 경판 앞뒤로 새겨 놓은 글의 양이 16만 2500쪽에 이를 정도로 방대하다.

팔만대장경판에 새겨진 글씨체는 뛰어난 서예 실력을 갖춘 한 사람이 쓴 것처럼 일관성이 있고 완벽하다. 조선 시대 서화가인 추사 김정희가 "팔만대장경의 글씨는 사람이 아니라 신이 쓴 것이다."라고 감탄할 정도였다. 목판 중 일부는 마치 레이저로 깎은 듯 글씨의 각이 완벽하게 보존되고 있다.

합천 해인사의 장경판전은 팔만대장경판의 원래 모습이 오랫동안 유지되고 있을 만큼 과학적으로 설계된 건물이다. 남향의 벽은 아래쪽 창을, 북향의 벽은 위쪽 창을 크게 내고 위아래 창의 크기를 다르게 하여 바람이 잘 통하도록 설계되었다. 장경판전 바닥에는 숯, 횟가루, 소금, 모래를 차례로 깔아서 건물 안의 습도를 일정하게 유지하고 해충의 침입을 막아 경판을 보관하고 있다. 앞으로 우리가 할 일은 현대적 기술 없이도 잘 보존되어 온 경판을 더 오랫동안 보호하는 방법들을 고민하는 것이다.

팔만대장경판으로 인쇄한 고려 시대의 목판 인쇄물,《유가사지론》Yogacarabhumi Sastra printed from the Tripitaka Koreana

瑜伽師地論卷第七十一

弥勒

...中聲聞地之

三

팔만대장경 연구가 응기 스님과 남권희 박사 The Ven. Eunggi and Nam Kwon-hee at Janggyeong Panjeon of Haeinsa Temple

한국의 서원

Seowon, Korean Neo-Confucian Academies

실천하는 지식인 '선비'를 배출하던 교육 기관

　서원은 16~17세기 조선 시대에 유학을 따르던 사림이 지방에 세운 사설 교육 기관으로, 유학의 한 갈래인 성리학을 바탕으로 인간의 도리 등을 가르쳐 실천하는 지식인을 키워 냈다. 2019년 우리나라 최초의 서원인 소수 서원을 비롯하여 안동에 있는 병산 서원, 도산 서원 등 모두 9개의 서원이 유네스코 세계 문화유산으로 등재되었다.

Educating intellectuals with Character, Knowledge and Wisdom

Educating intellectuals with character, knowledge and wisdom has been the goal of Korean education throughout history.

Korean culture and history have been profoundly influenced by various religions and philosophies. But none has had as much lasting impact shaping the ruling class landscape of Korean kingdoms as Confucianism did before the Common Era, and Neo-Confucianism after the 12th century.

The name Confucius was given to the famous philosopher by Jesuit missionaries in the late 16th century. His name is Gongja in Korean.

Confucianism is a philosophy of pragmatic life solutions. Its followers practice ancestor worship as a virtue. In Korean culture, Confucius is revered and remembered as a sage.

The proper noun Seonbi is synonymous with virtuous scholar and intellectual today. Education and ceaseless lifelong learning defines Korean Seonbi tradition. Seonbi is an intellectual whose sense of purpose comes from his belief in universal virtues. Therefore, Seonbi is also often called a virtuous scholar during life and then called a "teacher" after their passing.

제사에 참석한 병산 서원의 유림들 Members of the Byeongsanseowon Neo-Confucian Academy during the annual fall ritual

지성과 인격을 두루 갖춘 지식인을 길러 내는 것,
400여 년 전의 서원이나 오늘날 교육 기관의 목표는 변함이 없다.

　유교 사상이 우리 문화의 도덕 기준과 행동 지침, 가치관이 된 지는 무
척 오래되었다. 예로부터 우리 선조들은 나라에 충성하고 부모를 공경하
며 부부 사이에 지조와 절개를 지키는 것, 즉 '삼강'을 으뜸으로 삼았다.
이와 함께 유교에서는 조상에게 제사를 지내는 것을 중요하게 여겼다. 우
리 선조들은 가슴속 깊은 곳에서 우러나오는 사랑과 존경의 마음을 제사

라는 형식에 담아 자손으로서 도리를 다하고자 했다. 유학자 류성룡(유성룡)의 위패를 모셔 둔 병산 서원에서는 지금도 매년 봄과 가을에 후손들이 모여 이틀 동안 제사를 지내고 있다.

고려 시대의 '선비'는 '어질고 지식이 있는 사람', 즉 문인을 높이는 말이었다. 그러다 조선 시대로 들어와서는 '성인군자'를 목표로 공부하는 유학자를 가리키는 말로 쓰였다. 서원은 조선 시대 지식인들과 정치인들이 한곳에 모이는 장소이기도 했다. 서원에 모인 이들은 성리학을 연구하고 실천하는 지식인을 길러 내며, 선현들에게 제사를 지내고 다양한 사회·정치 활동을 펼쳐 나갔다. 또한 장차 나랏일을 맡을 인재를 교육하기도 했다.

소수 서원은 우리나라 최초의 사액 서원으로, 고려 말기에 성리학을 들여와 조선의 통치 이념으로 자리 잡게 한 안향을 기리는 곳이다. 1550년 조선 명종이 친필로 '소수 서원'이라고 적은 현판을 내렸는데, 이렇게 임금이 이름을 짓고 현판까지 새겨서 내린 서원을 사액 서원이라고 한다. 소수 서원은 나라로부터 이름뿐만 아니라 책과 땅, 노비까지 받았으며 세금을 낼 의무와 군대에 동원될 의무도 면제받는 등 여러 특권을 누렸다.

오늘날 서원은 대부분 제사를 지내는 사당으로서 그 명맥만 이어 가고 있다. '부를 쌓는 것이 곧 성공'이라는 자본주의 가치관이 만연한 가운데 지성과 인격을 중요하게 여기고 도덕을 갖춘 선비를 길러 냈던 교육관이 절실한 때이다.

류성룡의 13대손 류시주 Ryu Si-ju, the 13th generation descendant of Ryu Seong-yong during the annual fall ritual

제주 화산섬과 용암 동굴

Jeju Volcanic Island and Lava Tubes

만장굴 용암 동굴의 비공개 구간인 제3입구 Daylight enters the entrance #3 of the closed section of the Manjanggul Lava Tube

지구의 역사를 보여 주는 제주 화산 지형

약 180만 년 전부터 1000년 전까지 화산 활동이 일어나 만들어진 화산섬, 제주도. 섬 전체가 화산 활동으로 이루어진 만큼 제주도에는 수많은 화산 지형이 여기저기 흩어져 있다. 그 가운데 한라산, 성산 일출봉, 거문오름 용암 동굴계가 인류 전체를 위해 보호되어야 할 곳으로 인정되어, '제주 화산섬과 용암 동굴'이라는 이름으로 2007년 유네스코 세계 자연 유산에 등재되었다.

The finest volcanic lava caves and the history of the planet

One of the most powerful forces in nature are volcanoes, with their hot molten lava coming up from the earth's Mantle hundreds of kilometers underground.

Hundreds of volcanoes over tens of thousands of years are responsible for the formation of Korea's largest islands, the Jejudo. On Jeju island, there are over 360 small volcanoes of various shapes called Oreum.

The hot molten lava flows, as they snaked around solid objects, would have their surface cool into solid shells while the liquid lava continued to flow inside. These formations often created tunnels or lava tubes under the volcanic landscape, until the liquid lava finally cascaded out of the lava tube onto lower ground and into the sea.

The coolest place among the Jeju island lava tubes is the 8,928 kilometers long Manjanggul lava tunnel, where the temperatures stay around 12 degrees Celsius all year.

Manjanggul cave is part of a larger lava tube network that formed from hot molten lava flowing out of the Geomunoreum Volcanic Cone. Geomun means black as a dark forest.

용암이 굳으면서 기둥 모양으로 만들어진 만장굴의 용암 석주 The 7.6 meters tall column inside the Manjanggul Lava Tube

180만 년 전에 태어나 생태계의 보물 창고가 된 제주도는
자연이 만들어 낸 값진 세계 자연 유산이다.

　제주도는 화산 폭발로 만들어진 섬답게 다양한 모양의 화산 지형을 간
직하고 있다. 방패를 엎어 놓은 모양의 '순상 화산'이 흔한데, 한라산이 대
표적인 예이다. 한라산은 높이가 약 1950미터이며, 정상에 화산 작용으로
생긴 분화구인 백록담이 있다. 백록담은 3만 7000년~2만 년 전에 생겨난
것으로 추정되며, 약 2000년 전까지만 해도 한라산에서 화산이 폭발했다

는 연구 결과가 있다. 한라산에서는 저지대의 난대성 식물에서 고지대의 한대성 식물까지 해발 고도에 따라 식생이 수직적으로 분포하고 있어, 다양한 식물을 관찰할 수 있다.

제주도에는 '오름'이라고 불리는 자그마한 화산 언덕이 있다. 제주 곳곳에 최소 360개 이상의 오름이 있는데, 화산이 폭발할 때 터져 나온 화산재와 돌 부스러기가 쌓여 만들어진 것이다. 약 8000년 전에 형성된 것으로 밝혀진 거문오름은 숲이 푸르다 못해 검게 보인다고 해서 붙여진 이름이다. 용암 동굴도 화산 활동으로 생긴 지형이다. 용암 동굴은 지표면을 따라 흐르던 용암이 표면만 굳은 채 안쪽으로 계속 흐르다가 바다로 빠져나가면서 생긴 빈 공간이다. 제주도에는 용암 동굴이 160여 개나 흩어져 있다. 그중 천연기념물인 만장굴과 김녕굴을 비롯한 벵뒤굴, 용천 동굴, 당처물 동굴 등으로 이루어진 거문오름 용암 동굴계가 유네스코 세계 자연 유산으로 등재되어 있다. 그 가운데 만장굴은 세계적으로 희귀한 자연 동굴로, 용암 종유, 용암 석순, 용암 석주 등 다양한 볼거리로 가득하다.

성산 일출봉은 물속에서 분출되는 뜨거운 마그마와 차가운 바닷물이 만나 폭발하면서 화산재가 층층이 쌓여 만들어진 지형이다. 오랜 세월 동안 바닷바람과 파도에 침식되어 가파른 절벽을 이루고 있다. 정상에는 지름이 600미터에 이르는 오목한 분화구가 있다. 분화구 주위로 99개의 봉우리가 빙 둘러 있는데, 그 모습이 거대한 성과 같다고 해서 '성산'이라는 이름이 붙여졌다.

지구의 역사와 희귀한 동식물의 비밀을 품은 섬, 지금도 여전히 뛰어난 경관을 자랑하는 제주도는 세계인이 함께 지켜야 할 보물이다.

동굴 내부가 뱀처럼 생겨 김녕사굴이라고도 불리는 김녕굴 The undisclosed section of the Gimnyeonggul Lava Tube

눈 덮인 한라산 분화구, 백록담 The Baengnokdam Crater Lake on Hallasan Mountain summit

가야

Gaya Confederacy

삼국 시대의 네 번째 세력, 가야 연맹

　한반도에 고구려, 백제, 신라가 나라의 틀을 갖추어 가던 기원전 1세기 무렵, 한반도 남부에는 대가야, 금관가야, 아라가야 등 여러 나라가 일어나 '가야 연맹'을 이루고 있었다. 가야는 철이 풍부하고 철을 다루는 기술도 뛰어나, 백제와 신라는 물론이고 중국과 일본에서도 가야의 제철 기술을 탐냈다. 한편 곡선의 아름다움이 돋보이는 가야의 토기는 일본의 토기 발전에 큰 영향을 주기도 했다.

Gaya with Formidable Culture and Enduring Legacy

　The Gaya Confederacy, from 1st century BCE to 6th century CE, had a relatively short history by Korean standards.

　Gaya left the best known traditional Korean musical instrument, the Gayageum, a significant "plucked zither" instrument with 12 strings.

　In addition to the most aesthetically pleasing curves on Gaya's pottery in all of Korea's history, the Gaya civilization was also known for its iron works, including steel armor. Gaya's prized human and horse body armor are also found in Japan's ancient tombs. The two cultures are separated by only 132 miles (213 km) from Busan to Fukuoka across the Korea strait.

　Some of Korea's culture was later reflected in Japan. For example, Gaya practiced sacrificial burying of animals and people with their rulers in Royal Tombs. Many centuries after the fall of Gaya, there were cases of medieval practice of Junshi, the ritual suicide of vassals following the death of their lord in Japan.

　Another example is found from the Shinsen Shojiroku, a census taken in 814 in Japan. It showed that aristocrats from fallen kingdoms of Korea were a major part of mainstream Japanese culture. Japanese family names included people from Baekje, Silla, Goguryeo and Gaya.

장수군 가야 고분에서 발굴된 철제 발걸이(등자) A pair of stirrups excavated from a Gaya tomb in Jangsu

가야는 500년 넘게 강한 군사력과 찬란한 문화를 자랑했다.
이것이 가야가 삼국 시대의 네 번째 세력으로 재조명되는 이유다.

　2023년 9월, 유네스코 세계 문화유산으로 등재된 '가야 고분군' 가운데 가장 큰 규모를 자랑하는 고령 지산동 고분군은 산등성이에 700여 개의 무덤이 끊임없이 이어져 장관을 이룬다. 무덤의 석실을 덮은 큰 돌은 어디서 가져왔는지, 73호분을 덮고 있던 1500톤의 흙은 어떻게 운반해 온 것인지는 여전히 궁금증으로 남아 있다.

흥미로운 점은 지산동 고분군의 대형 무덤들에서 '순장 돌덧널'이 수십 개씩 발견되었다는 사실이다. 순장은 지배자가 죽었을 때 산 사람을 함께 묻는 장례 풍습인데, 특히 지산동 44호분에서 호위 무사, 마부, 시녀 등과 10대부터 60대에 이르는 남녀, 부부, 자매, 부녀 등으로 추정되는 사람 40여 명이 발견되었다. 이와 더불어 무덤 안에서는 무덤 주인이 평소 사용했던 물건과 저승 생활에 필요한 토기, 무기, 말갖춤, 장신구 따위의 각종 껴묻거리 또한 출토되었다. 철제 농기구를 원래 크기보다 축소하여 만든 모형도 묻혀 있었는데, 오늘날 대가야의 특징적인 유물로 꼽히고 있다.

가야 고분에서 출토된 철제 갑옷과 철제 말 갑옷, 철제 투구 등은 '철의 왕국'다운 면모를 여실히 보여 준다. 가야의 철제 갑옷은 크게 판갑옷과 비늘 갑옷으로 나뉜다. 가야의 판갑옷은 크고 얇은 철판 20~30매를 이어서 사람 몸의 굴곡에 맞게 만든 것으로, 철을 노련하게 다루었던 가야 사람들의 뛰어난 기술을 엿볼 수 있다. 일본에서도 판갑옷이 많이 출토된 것으로 미루어 볼 때 가야의 제철 기술이 일본에까지 전해진 것으로 짐작된다. 5세기 중엽에는 몸이 보다 수월하게 움직이도록 작은 쇳조각들을 이어 비늘 갑옷을 만들었다.

한편 가야 토기는 곡선이 아름다울 뿐 아니라 독특하고 다양한 모양으로 잘 알려져 있다. 특히 '도기 기마 인물형 뿔잔'은 가야의 철제 갑옷과 무기를 고스란히 보여 준다. 철제 갑옷을 두른 말과 무사의 모습이 인상적인데, 가야인들은 죽은 사람의 영혼이 하늘로 무사히 가기를 바라면서 말을 빚어 냈다. 주변 나라들까지 탐냈던 가야의 철제 도구와 토기는 가야 문화의 우수성과 더불어 고대 문화의 다양성까지 우리에게 전하고 있다.

국보 도기 기마 인물형 뿔잔 Earthenware Horn Cup in the Shape of a Warrior on Horseback, the National Treasure

종묘 제례에서 음악을 연주하는 악사들과 '일무'를 추는 무용수들 Dancers and musicians at the Royal Ancestral Rite at the Jongmyo Shrine

종묘 제례와 종묘 제례악

Royal Ancestral Ritual in the Jongmyo Shrine and its Music

'효'를 실천한 나라의 제사

　　종묘는 조선 태조부터 순종에 이르기까지 역대 왕과 왕후 등의 신주를 모신 사당이다. 조선의 왕들은 종묘에서 유교 절차에 따라 왕실의 조상들에게 '종묘 제례'라는 제사를 지냈다. 종묘는 나라의 근본을 이루었던 중요한 상징물로, 1995년 유네스코 세계 문화유산에 등재되었다. 의례와 음악, 춤이 한데 어우러진 '종묘 제례와 종묘 제례악'은 2001년 유네스코 세계 인류 무형 문화유산으로 등재되었다.

Ancient Rituals tradition of worshiping the heaven

　　In Korean spirituality, the soul and spirit of a person is defined as Hon-Baek. Hon is the soul that rises to heaven, while the Baek is the spirit body that is interred underground.

　　Jongmyo shrine was dedicated to hold ancestor worship ceremonies led by the incumbent Joseon King to please the Hon-Baek, the soul and spirits of the deceased kings and queens of the Joseon Dynasty.

　　During an elaborate annual Royal ancestral ritual at the Jongmyo shrine, court music - more than 550 years old - composed by King Sejong the Great (1397-1450) is performed.

　　Some 45 dishes of cooked and raw food are served on elevated ceremonial dishes with drinks. "The offering of uncooked meat and food are a reflection of an ancient tradition of rituals that go back to prehistoric times when raw food was consumed uncooked," according to the Korea Cultural Heritage Administration.

　　The following prayer was offered to the spirits of the ancestors:

　　"On this beautiful occasion, please experience a number of ceremonial dishes which have been prepared with longing heart while adhering to proper guidance."

종묘 제례악에 사용된 궁중 타악기, '어(敔)' A traditional percussion instrument called Eo

600여 년 전 조상을 기리던 마음과 형식 그대로
음악과 노래, 춤이 어우러진 장엄한 의례는 지금도 계속된다.

이성계가 조선을 세우고 가장 먼저 한 일은 사직단과 종묘를 세우는 것이었다. 종묘와 사직단은 조선 왕실의 근본이었는데, 사직단에서는 토지의 신과 곡식의 신에게 풍성한 곡식을 바라며 제사를 지내고 종묘에서는 조선 왕실의 조상에게 제사를 지냈다. 신주는 역대 왕과 왕후의 영혼을 모시는 나무패로, 정전과 영녕전에 태조 이성계를 비롯한 조선의 역대

왕과 왕후의 신주를 모셔 두었다. 정전 뜰 앞에는 신하들의 신주까지 두어 종묘가 단순히 왕실을 기리는 장소가 아니라 나라의 평안을 위한 공간이었음을 알 수 있다. 정전과 영녕전은 계속 증축되어 지금은 정전 19칸, 영녕전 16칸 규모이다. 유교에서는 사람이 죽으면 혼과 백으로 나뉘어 혼은 하늘로, 육체인 백은 땅으로 돌아간다고 믿었다. 그래서 무덤을 만들어 백을 모시고 사당을 지어 혼을 섬기며 죽은 사람을 기렸던 것이다. 임금의 백은 왕릉에, 혼은 종묘에 모셨다.

조선 시대에는 종묘에서 1년에 5번 종묘 제례를 치렀다. 유교에서는 제사를 지낼 때 향을 피우고 술을 부었는데, 향이 하늘로 올라간 혼을 부르고 술이 땅으로 돌아간 백을 부른다고 믿었기 때문이다. 종묘 제례 때에도 이러한 예법에 따라 의식이 치러졌다. 종묘에서 행해진 모든 행사를

종묘 제례에 참여하는 악사와 무용수, 제관들 The annual Royal Ancestral Rite with court music at Jongmyo Shrine in Seoul

기록해 둔《종묘의궤》에 따르면 종묘 제례를 올릴 때 무려 45가지 음식을 준비했다고 한다. 종묘 제례가 진행되는 동안 장엄한 음악과 노래에 춤을 곁들여 선왕들의 덕을 칭송했는데, 이것이 종묘 제례악이다. 정전 앞 계단 위인 상월대와 계단 아래 뜰인 하월대에 악대들이 앉고 그 사이에 일무를 추는 무용수들이 대형을 이룬다. 계단 위에서 연주되는 음악은 '하늘', 계단 아래에서 연주되는 음악은 '땅', 그 사이에서 이루어지는 일무는 '사람'을 각각 상징한다.

　　종묘 제례는 중국 지역에서 비롯되었지만, 오늘날 중국 지역에서는 더 이상 행해지지 않는 우리의 고유한 문화유산이다. 동아시아의 왕실 제례 의식 가운데 한국의 종묘 제례와 종묘 제례악만이 500년 넘도록 원래의 의식 그대로 지금까지 전해 내려오고 있다.

종묘 제례를 집행하는 제관들 Officials line up at the Ancestral Rite to the Souls and Spirits of Joseon kings and queens at the Jongmyo Shrine

눈으로 덮인 종묘 영녕전 Yeongnyeongjeon of Jongmyo Shrine following a snowfall

하회 별신굿 탈놀이

Mask Dance Drama of Hahoe

하회 별신굿 탈놀이에서 백정탈의 공연 Baekjeong the butcher at the Hahoe Mask Dance Drama

탈 쓰고 춤추며 서낭신을 즐겁게 하라

마을 전체가 유네스코 세계 문화유산으로 등재된 안동 하회 마을에서는 고려 시대부터 서낭신에게 별신굿을 지냈다. 이때 탈놀이도 함께 벌어졌는데, 별신굿 탈놀이를 할 때 얼굴에 썼던 탈이 바로 '하회탈'이다. 하회탈은 현재까지 남아 있는 우리나라의 탈 가운데 역사가 가장 오래되었다. 안동 병산 마을에서 전해 오는 병산탈과 함께 국보로 지정되어 있다.

Hahoe Mask Dance Entertaining at the Expense of Social Elites

Andong Hahoe Mask Dance gave performers the courage to say and do lots of outrageous things at the expense of the social elites.

Nine surviving wooden masks from the Goryeo period, some 900 years ago, are now National Treasures: The Monk, Nobleman, Scholar, Baekjeong the butcher, Bride, Bune the entertainer, Granny, Choraengi the busybody, and Imae the servant. Monk, Nobleman, Scholar and Butcher masks have movable jaws, giving their characters' freedom of speech.

None of the masks have symmetrical facial features, giving each character unique and often conflicting looks depending on the direction from which they are viewed. The Nobleman mask has more lines on one side of his face when he asserts his authority with age, while the other side with fewer lines projects youthful vigor.

An American diplomat left a firsthand observation of Korean butchers in the 19th century. "These men were well over six feet (183 cm) tall. One of them was florid in complexion with red hair, red bushy beard and bright blue eyes." wrote William Franklin Sands (1874-1946).

민중을 대변하는 초랭이탈(초라니탈) Choraengi the busybody during the Hahoe Mask Dance Drama

하회 별신굿 탈놀이에는 민중들의 고달픈 삶과 애환,
신분 사회에 대한 신랄한 풍자와 해학이 녹아 있다.

　　한국의 탈춤 가운데 가장 오래된 하회 별신굿 탈놀이는 1928년에 중
단되었다가 1973년에 다시 행해진 문화유산이다. 하회탈을 쓴 광대들은
신분의 경계를 거침없이 넘나들며 민중들의 고달픈 삶과 신분 사회의 모
순과 갈등을 풍자하면서 한바탕 놀이판을 펼쳤다. 하회 별신굿 탈놀이는
이러한 문화적 의미와 사회적 기능이 지닌 가치를 인정받아 2022년 유네

스코 세계 인류 무형 문화유산으로 등재되었다.

　예로부터 탈을 만들 때 주로 쓴 재료는 종이와 바가지였다. 이와 달리 하회탈은 오리나무로 만들어졌다. 오리나무는 적당히 단단하고 다루기 쉬워 나막신, 악기, 그릇 등을 만들 때 많이 쓰였다. 안동 하회탈을 만들 때에는 그늘에서 2년 정도 건조한 오리나무를 사용했으며, 여러 번 옻칠을 하는 등 정성을 쏟아부었다. 이러한 노력과 정성 덕분에 오늘날까지 변치 않은 모습으로 전해질 수 있었다. 원래 12개의 하회탈이 있었지만, 양반탈, 선비탈, 초랭이탈(초라니탈), 각시탈, 중탈(파계승탈), 이매탈, 부네탈, 백정탈, 할미탈 등 9개의 탈만 전해진다.

　하회탈은 얼굴 표정이 정교하고 풍부하며, 인물마다 개성도 뚜렷하다. 9개의 탈 가운데 양반탈, 선비탈, 중탈, 백정탈만 턱이 움직이는데, 이것은 표현의 자유를 상징한다고 볼 수 있다. 젊은 부인인 부네탈은 입이 거의 막혀 있으며, 결혼한 부인인 각시탈은 입이 막혀 있을 뿐만 아니라 귀도 가려져 있고 한쪽 눈마저 아래를 향해 있다. 시집간 여자는 남의 말을 듣고도 못 들은 체하고 하고 싶은 말이 있어도 하지 말아야 한다는 뜻의 '귀머거리 삼 년이요 벙어리 삼 년'이라는 속담을 고스란히 담은 듯하다.

　하층민, 특히 민중을 대변하는 초랭이탈의 얼굴은 왼쪽과 오른쪽이 확연히 다르다. 양반 쪽에서 보면 웃는 것처럼 보이지만, 관객 쪽에서 보면 불만 가득하고 화난 것처럼 보인다. 또 입은 비뚤어져 있지만 콧대는 아주 높은데, 누구보다 자존심이 센 인물임을 알 수 있다. 턱이 움직이지 않는데도 거침없이 양반, 선비, 중의 위선을 지적하는 초랭이. 초랭이의 모습이야말로 입은 비뚤어졌어도 말은 바로 한다는 사명감을 갖고 사회를 비춰야 하는 언론인들이 지녀야 할 자세가 아닐까.

각시탈, 선비탈, 할미탈(시계 방향) Clockwise: Gaksi the bride, Seonbi the scholar, Halmi the granny Hahoe masks

파계승 마당의 부네탈과 중탈(파계승탈) Bune the entertainer and Jung the monk during the Hahoe Mask Dance Drama

한글

Hangeul, Korean Alphabet

한국인의 언어를 완성한 한글

한글은 우리 민족이 사용해 온 고유한 언어이다. 1443년 세종 대왕이 '훈민정음'을 창제한 뒤로 '정음', '언문', '언서', '반절', '암클', '국문' 등의 이름으로 불렸다. 1910년대에 이르러서야 주시경을 비롯한 학자들이 '크고 바른 글'이라는 뜻으로 '한글'이라고 부르기 시작하면서 비로소 지금의 이름을 갖게 되었다. 훈민정음은 28자모로 이루어져 있었지만, 지금은 24자모만 사용되고 있다.

Hunminjeongeum is the language of globalization

The first item in Korean identity is King Sejong's Hunminjeongeum, the phonetic writing system invented in the winter of 1443.

The Korean alphabet, now called Hangeul, is capable of writing all the sounds of nature. Korean phonetic alphabet is also a featural alphabet meaning each letter can represent features that make up phonemes, such as voicing or its place of articulation.

At the time of its creation, the Hangeul alphabet had 28 letters (17 consonants and 11 vowels). In addition there are 6 double consonants ㄲ ㄸ ㅃ ㅉ ㅆ ㆅ, a total of 34 letters.

Hangeul was forced to change during the Japanese colonial period (1910-1945), discarding four letters ·, ㆁ, ㆆ, ㅿ and jettisoning the use of ㅸ, ㅱ, ㅹ, ㆄ, ㅀ letters which are capable of transcribing many pronunciations in English which are not common in Korean. For example, ㅸ can represent the V sound in English pronunciation.

Originally, Hangeul can uniquely combine up to three initial consonants, three middle vowels, and three final consonants. Hangeul's scientific and methodical construction makes it naturally computer-compatible making it the most systematic and scientific alphabet in the computer age.

세종 대왕은 《훈민정음해례본》에 아들 문종을 뜻하는 '규룡 규(虯)' 자를 '뀨'로 표기해 놓았다.
"Kkyu the prince" the eldest son of King Sejong the Great, is mentioned in Hunminjeongeum Hyerae of 1446

우리말을 적는 우리글 한글.

한글은 어떻게 체계적이고 독창적인 문자로 인정받았을까?

1443년 우리글 '훈민정음'이 처음 탄생했다. 세종 대왕은 자음 17자, 모음 11자로 이루어진 훈민정음을 창제하고, 3년 뒤인 1446년 해설서인 《훈민정음해례본》을 반포했다. 창제자, 창제 시기, 창제 목적, 창제 원리 등을 밝혀 놓은 《훈민정음해례본》은 1997년 유네스코 세계 기록 유산으로 등재되었다.

놀랍게도 훈민정음에는 영어 발음을 표기할 수 있는 글자들이 있다. 순음('ㅂ', 'ㅃ', 'ㅍ', 'ㅁ'과 같이 두 입술 사이에서 나는 소리) 아래 'ㅇ'을 써서 표시한 순경음 '몽', '병', '뼝', '퐁'과 반설음 'ㄹ' 아래 'ㅇ'이 오는 반설 경음 '링'이 그 주인공이다. 예를 들어 영어 알파벳 'V'의 발음은 병로 표기할 수 있다.

1527년 어문학자이자 중국어 통역사였던 최세진은 어린이를 위한 한자 학습서인 《훈몽자회》를 펴내 생활 속에서 흔히 사용하는 한자 3660자를 한글로 익힐 수 있게 했다. 'ㄱ(기역), ㄴ(니은), ㄷ(디귿), ㄹ(리을)' 등 자모음 이름과 순서를 밝혀 둔 《훈몽자회》를 통해 훈민정음 창제 이후 한글이 어떻게 변화해 왔는지를 알 수 있다.

일제 강점기인 1912년 4월, 조선 총독부는 서울말을 표준으로 정하고 'ㆍ(아래아)'를 폐지하는 등의 내용이 담긴 '보통학교용언문철자법'을 공표했다. 일본어 발음에 맞추어 한글 표기법을 훼손하는 행동이었다.

최초의 우리말 사전 《말모이》 편찬을 주도한 주시경이 세상을 떠난 뒤 우리말 사전 편찬 작업을 이끈 조선어 연구회는 조선어 학회로 이름을 바꾸고 수년간의 연구 끝에 1933년 '한글 맞춤법 통일안'을 발표했다. 이를 통해 일제가 왜곡하고 훼손한 한글 표기법을 일관성 있고 정확하게 바로잡았다. 이때 'ㆁ(옛이응)', 'ㆆ(여린히읗)', 'ㅿ(반시옷)' 같은 자음 3개와 모음 'ㆍ(아래아)'가 사라지고 자음 14자, 모음 10자의 24자로 이루어진 한글이 오늘날까지 쓰이고 있다.

조선어 말살을 계획한 일제는 1942년 사전 편찬 작업을 이어 가던 조선어 학회 회원들을 붙잡아 가두고 사전 원고도 압수했다. 다행히도 광복 후 압수된 원고가 발견되어 1947년 마침내 《조선말 큰사전》 1권이 출간되었고 이후

1957년까지 총 6권 구성의 우리말 사전인《큰사전》이 완간되었다.

한글은 말의 뜻을 구별해 주는 언어의 최소 단위인 음소, 즉 자음과 모음 하나하나가 각각의 소리를 나타내는 '음소 문자'이다. 초성, 중성, 종성의 규칙에 따라 자음과 모음을 구성하고 정해진 위치에 배치하면 모든 소리를 한글로 나타낼 수 있다. 또한 단 하나의 음절만으로 완전한 표현을 할 수 있으며 쓰고 읽고 익히기가 매우 쉽기 때문에 한글은 인류 역사상 가장 체계적이고 과학적인 문자로 인정받는다.

전 세계를 대표하는 유일한 '자질 문자'라는 점에서 한글의 우수함이 한 번 더 증명된다. 자질 문자는 같은 부류인 음소들 사이의 소리 차이를 자음과 모음의 표기에 반영한 문자를 말한다. 한마디로 유사한 발음의 음소끼리 표기법이 비슷하다는 것인데, 가령 같은 부류의 자음인 'ㄱ, ㅋ, ㄲ'을 보면 ㅋ은 ㄱ에 획을 하나 더해서, ㄲ은 ㄱ을 하나 더 나란히 배치해서 표기한 것을 알 수 있다.

지구상에 존재하는 언어는 7000여 가지 정도로 많지만, 대부분은 자기 나라만의 고유 문자가 없어 로마자(Roman alphabet)로 표기한다. 로마자는 언어마다 음가가 다른 반면 세종 대왕이 창제한 한글은 일정한 음가를 지닌, 그야말로 독창적이고 우월한 문자이며, 한국어는 다른 어떤 언어보다 경쟁력과 잠재력이 월등히 높은 언어이다. 한국어는 전 세계를 통틀어 단어가 가장 많은 언어로도 손꼽힌다.

우리 민족은 수천 년간 고유한 우리말을 썼으며, 그것을 표현하는 우리글인 한글을 지키고 다듬어 왔다. 한글은 한국인의 정서와 문화, 역사를 품고 있는 보물 중의 보물인 것이다.

오ᄠᅭᄊᆡ、ᄅᆞᆷ소이ᄅᆞᆼ옛字ᄍᆞ

이ᄒᆞ나ᄒᆡᆼᄠᅡ諺연文문、ᄋᆞ

ᄊᆞ字ᄍᆞᄛᆞᆼ본빗소리두

ᄡᅳ면그ᄃᆞᆯ이ᄡᅳᄂᆞ소리로

ᄒᆔ셩녈ᄒᆞᆸ平평聲셩져제ᄒᆞᆼ
本본音ᅙᅳᆷ行ᄒᆡᆼᄒᆞ平평

겨티點뎜·이ㅇ·이ㅅ·며어ㅇㅅ

믈시믈거시니닛가온

이니點뎜·이·업꾀기린현

쪼눈上썅聲셩·이·니點뎜

뜯쇼리예字ㅈ로

HISTORICAL HERITAGE

한국의 찬란한

역사를 품은 유산

연천 전곡리 주먹 도끼

Acheulean-like Handaxe of Jeongok

1978년 한탄강 주변에서 발견된 연천 전곡리 주먹 도끼 Jeongok-ri handaxe discovered in 1978 near Hantangang River

한국에서 나온 구석기 인류의 최첨단 도구

1978년 연천 전곡리 한탄강 주변에서 동아시아 최초로 아슐리안 주먹 도끼가 출토되었다. 이전까지만 해도 아슐리안 주먹 도끼는 유럽과 아프리카 지역에서만 발견되었는데, 연천 전곡리에서 발견되면서 학계의 큰 주목을 받았다. 연천 전곡리 주먹 도끼는 동아시아의 구석기 문화가 매우 뛰어났음을 전 세계에 증명하는 값진 유물이다.

Cutting-edge Stone Age tool Jeongok-ri handaxe of Korea

The Korean peoples' Homo Sapiens ancestors were preceded on the Korean Peninsula by extinct pre-human species. These ancient hominins lived before the Upper Paleolithic Period (late Stone Age). As proof, archaeologists have found that Korea has an abundance of Stone Age tools.

What placed Korea on the paleo-archeological map of the word was the discovery of an Acheulean-like handaxe, a Paleolithic Period tool. This axe was the cutting-edge tool of Hominins back in the Stone Age. It was found by Greg Bowen, a young US airman who in 1978 was stationed in Korea.

The stone handaxe - which was chipped on both sides of the blades (four sides) - was found in Jeongok-ri, located about two hours' drive north of the capital city Seoul. The area along Hantangang River in Gyeonggi Province was where more than 100 Acheulian-like handaxes have been excavated.

Bowen, who made the remarkable discovery during his time in Korea, studied anthropology at the University of Arizona upon returning to the US with his wife, Sang-mi Bowen. He then worked for the Navajo Nation Historic Preservation Department until his retirement. He died in Arizona in 2009.

연천 전곡리 주먹 도끼가 발견되면서 동아시아에는 주먹 도끼 문화가 존재하지 않았다는 학설을 완전히 뒤집었다.

그레그 보언은 전 세계를 놀라게 한 인물이다. 주한 미군으로 한국에서 복무하고 있던 1978년, 경기도 연천군 전곡읍 전곡리 한탄강 주변에서 구석기 시대의 최첨단 도구였던 '주먹 도끼'를 찾아냈기 때문이다.

학자들은 구석기 시대에 호모 에렉투스가 등장했다는 사실에 주목한다. 호모 에렉투스는 이전보다 더욱 정교해진 솜씨로 뗀석기를 만들어 쓰고 불을 다루었다. 이전의 인류는 불과 도구를 다루지 못해 주로 채식을 했다. 그러다 불을 다루고 뗀석기를 발명한 뒤로는 짐승을 사냥하여 익혀 먹게 되었고, 이로 인해 육식으로 식단이 바뀌면서 두뇌가 크게 발달할 수 있었다.

한반도에서 발견된 구석기 유적으로는 약 70만 년이 된 단양 금굴 유적과 세계 최초의 볍씨가 출토된 소로리 유적이 있다. 연천 전곡리에서 발견된 주먹 도끼까지 합치면 온 나라가 박물관인 셈이다.

특히 주먹 도끼가 의미를 갖는 이유는 따로 있다. 우리나라에서 주먹 도끼가 발견되었을 당시 고고학계에서는 구석기 문화를 찍개 문화권과 주먹 도끼 문화권으로 나누는 것이 일반적이었다. 만들고 다듬는 데 정교한 기술이 필요했던 주먹 도끼가 유럽과 아프리카 지역에서만 발견된 상황이었기 때문에 고고학자들은 주먹 도끼보다 정교함이 떨어지는 찍개만 발견된 동아시아의 구석기 인류보다 서양의 구석기 인류가 더 우월하다고 믿었다. 그러던 중 전곡리에서 주먹 도끼가 발견되었으니, 기존의 학설을 완전히 뒤집은 것이다. 연천 전곡리 주먹 도끼가 세계 고고학계에 일으킨 큰 변화였다.

연천 전곡리 주먹 도끼가 발견된 한탄강 유역. Hantangang River next to the Archaeological Site in Jeongok-ri.

반구대 암각화

Bangudae Petroglyphs

바위벽에 뚜렷이 새겨진 선사 시대 유산

울산 울주군에는 태화강 상류에서 뻗어 나온 대곡천이 흐르고 있다. 이곳에 폭이 약 8미터, 높이가 약 4미터에 이르는 수직 절벽이 있는데, 놀랍게도 300점이 넘는 그림들이 새겨져 있다. 바로 국보로 지정된 '반구대 암각화'이다. 인류사에서 가장 오래된 고래 그림과 고래잡이 과정이 담겨 있어서 선사 시대의 사냥 모습과 우리 선조들의 삶의 단면을 짐작할 수 있다.

Ancient Koreans and their most vivid rock carvings of whaling

According to the most vivid rock carvings of whaling left by ancient Koreans, people have been whaling the 40 known species that swim through the Korean East Sea since the Neolithic Age. The Neolithic Age refers to the period from about 8,000 to 1,500 BCE.

One of the world's most ancient rock carvings is found at Bangudae. The site has carvings of 58 whales and images of whale hunting. They were carved on a vertical cliff face that measures 8 meters wide by 5 meters tall. It can be found along the Daegokcheon stream, a tributary of the Taehwagang River, which flows into the East Sea in southeastern Korea.

Researchers have identified some 296 images on the cliff face, which is under a large rock protruding over it. Like a canopy, it provides cover from direct exposure to rain and other harsh elements, which has enabled the artwork to survive several millennia.

The Bangudae Petroglyphs site, designated as one of Korea's National Treasures, has the most ancient evidence of whaling anywhere in the world, reflecting the abundance of whales off the Korean east coast.

반구대 암각화에 새겨진 사람 얼굴 A human face carved on the Bangudae Petroglyphs in Ulju

지금까지도 선명하게 살아남은 바위그림들은
선사 시대 사람들의 생활과 정신세계를 소리 없이 전하고 있다.

　　대곡천 변의 깎아지른 듯한 수직 절벽은 신석기 시대부터 우리 선조들
이 신성하게 여기던 장소로, 하늘에 제사를 지내며 풍요를 기원하던 상징
적인 곳이다. 1971년 12월, 동국대학교 박물관 조사팀은 절벽의 바위에
300여 점의 그림이 새겨져 있는 것을 발견했다. 근처에서 '울주 천전리 암
각화'를 발견한 지 꼭 1년 뒤의 일이었다. 당시 반구대 암각화를 발견한

문명대 교수는 "멀리서 암각화를 보았을 때, 벼랑 면이 광택이 나는 돌처럼 반짝거렸다."라고 회상했다.

반구대 암각화에는 사람과 육지 동물, 고래를 포함한 바다 동물, 도구 등이 그려져 있다. 탈처럼 선명하게 새겨진 사람의 얼굴을 비롯하여 긴 막대기 같은 것을 입에 물고 있는 사람, 배에 탄 사람, 두 손을 치켜든 사람, 사냥하는 사람 등 다양한 행동을 하고 있는 사람들의 모습이 흥미롭다. 육지 동물은 형태와 특징이 뚜렷이 표현되어 있어 사슴, 노루, 멧돼지, 호랑이, 표범, 너구리 등 구체적인 동물들의 모습을 살펴볼 수 있다. 도구로는 주로 사냥과 고기잡이에 쓰인 활, 작살, 그물 등이 새겨져 있다.

반구대 암각화의 백미는 단연 고래 그림이다. 위와 옆, 서로 다른 방향으로 헤엄치는 크고 작은 고래들, 작살을 맞은 고래, 새끼 고래뿐만 아니라 북방긴수염고래, 혹등고래, 범고래 등 종류를 알아볼 수 있는 고래만 해도 무려 7종에 이른다. 또 배 위에서 작살을 들고 고래를 사냥하는 모습, 그물로 고래를 잡는 모습 등 다양한 고래잡이 장면도 새겨져 있다. 이를 통해 동해안에 고래가 많이 살았다는 사실을 알 수 있을 뿐만 아니라, 1985년 정부에서 고래 사냥을 금지하기 전까지 고래잡이를 해 왔던 우리 선조들의 삶 또한 생생하게 엿볼 수 있다.

선사 시대 우리 선조들이 풍요와 다산을 기원하며 바위벽에 새긴 반구대 암각화는 오늘날 존재하는 고래잡이 암각화 가운데 가장 오래된 유산이다. 그 가치가 매우 높아 울주 천전리 암각화와 더불어 '반구천 일원의 암각화'라는 이름으로 유네스코 세계 문화유산 잠정 목록에 등재되어 있으며 최종 결과 발표만을 앞두고 있다.

반구대 암각화에 새겨진 그림들 The Petroglyphs of Bangudae Terrace in Ulju, the National Treasure

정문경

Bronze Mirror with Fine Linear Design

국보 정문경의 섬세한 문양 Detailed side of the Bronze Mirror with Fine Linear Design, the National Treasure

현대 과학으로도 재현 못 하는 정교한 문양

청동 거울은 청동기 시대를 대표하는 유물 가운데 하나이다. 청동 거울 중에서도 국보로 지정된 정문경은 가느다란 선 무늬들이 한 면 가득 새겨져 있어 '잔무늬 거울'이라고도 부른다. 지름이 21.2센티미터로, 오늘날 존재하는 청동 거울 가운데 가장 크며 문양이 정교하고 세밀하다. 현재 숭실대학교 한국 기독교 박물관에 소장되어 있다.

Cutting edge Bronze Age nanotechnology in Bronze Mirror

For humans in any part of the world, the Bronze Age saw the evolution of bronze weapons, farming tools, and other products that supported the growth of larger populations. For Koreans, this time also produced an abundance of bronze mirrors. These can be found in the lands of present-day Korea as well as areas formerly controlled by Korean empires.

The largest and the most famous Bronze mirror with fine lines and geometric designs is a Korean National Treasure called the "Bronze Mirror with Fine Linear Design," found serendipitously, while digging trenches in the early 1960s by the Republic of Korea Army.

The Bronze Mirror with Geometric Designs has an incredible number of more than 13,000 fine lines which are only 300,000 nanometers, thinner than human hair. A typical human hair is 500,000 nanometers thick.

The original technological leap of the Bronze Age introduced metal weapons and rare religious objects such as the "Bronze Mirror with Fine Linear Design", which researchers believe, represented the Sun. It would've been worn by a leader of significance, or a high priest in an early religion.

정문경의 빛나는 앞면 The shiny side of the Bronze Mirror with Fine Linear Design

부족 국가들이 본격적으로 문화를 꽃피우던 청동기 시대,
우리 선조들은 최첨단 기술을 독자적으로 발전시켰다.

　비파형 동검, 세형동검과 함께 청동기 시대를 대표하는 유물로 청동
거울을 꼽을 수 있다. 태양을 상징하는 청동 거울은 당시 권력을 쥐고 있
던 정치 세력이나 종교 지도자들이 사용했을 것으로 추정된다. 청동 거울
가운데 국보로 지정된 정문경은 다른 이름으로 '다뉴세문경'이라고도 한
다. 다뉴란 끈으로 묶을 수 있는 고리가 여러 개 달려 있다는 뜻이고, 세

문경은 잔무늬 거울이라는 뜻이다. 실제로 정문경 뒷면에는 2개의 고리가 있는데, 학자들은 초기 철기 시대 사람들이 이 고리에 끈을 걸어 사용했을 것이라 짐작한다.

2400여 년 전 초기 철기 시대에 만들어진 정문경은 지름이 21.2센티미터로, 오늘날 존재하는 청동 거울 가운데 가장 크다. 문양이 치밀하고 정교하여, 청동기 제작 기술이 정점에 이르렀을 때에 만들어진 것으로 보인다.

청동은 구리와 주석을 섞어 만든 금속으로, 우리 선조들은 청동에 아연을 섞은 '아연·청동 합금 기술'을 독자적으로 개발해 청동 무기와 도구를 만들었다. 특히 정문경은 구리와 주석을 7 대 3 비율로 섞어 만들어서 더욱 단단하고 빛의 반사율이 높다. 무엇보다 뒷면에 장식된 기하학 무늬는 가히 놀랄 만하다. 21.2센티미터 지름의 원 안에 0.3밀리미터 간격으로 1만 3000개의 가는 선이 매우 정교하게 새겨져 있기 때문이다. 이토록 정교하고 섬세하게 문양을 표현하는 것은 현대 과학으로도 재현하기 힘든 최고의 '나노 테크놀로지(nano technology)' 기술이라고 할 수 있다.

지금까지 청동 거울은 한반도 전역을 비롯하여 만주 지방과 연해주, 심지어 일본에서도 발견되었다. 그중에서도 한국의 국보, 정문경은 한반도에서 뛰어난 청동기 제작 기술이 독자적으로 발달했다는 것을 보여 주며, 오늘날 한반도의 청동기 문화를 연구하는 데 중요한 자료가 되고 있다.

정문경 뒷면에 새겨진 기하학 무늬 The detailed geometric patterns of the Korean Bronze Mirror

금동 미륵보살 반가 사유상

Gilt-bronze Pensive Maitreya Bodhisattva

깨우침에 도달한 부처의 신비하고 오묘한 미소

금동으로 만든 93.5센티미터 크기의 금동 미륵보살 반가 사유상(1962-2)은 우리나라에서 가장 큰 반가 사유상이다. 전 세계 불교문화 예술품으로는 물론, 우리 역사상 가장 조형미가 뛰어난 걸작으로 평가받고 있다. 일제 강점기인 1920년대에 경주에서 출토되었다고 전해지지만, 구체적으로 언제, 어디에서 제작되었는지에 대해서는 의견이 분분하다. 현재 국보로 지정되어 있다.

Young Buddha's smile at the moment of Enlightenment

The gilt-bronze statue of a young future Buddha in a contemplative state is considered the epitome of Buddhist artwork.

The beauty, the gentleness and the peaceful smile of the gilt-bronze Maitreya in Mediation, known as the Bangasayusang Mireuk statue, is a physical expression of the state of enlightenment.

In Korean Buddhism, the Mireuk faith has a belief that a future Buddha, Mireuk, will emerge from the Korean land. This belief that someone from the Korean people could be the next Buddha drew many to embrace the Mireuk faith. This was especially true during times of war, such as when the Silla Kingdom was defeating Baekje in 663 and Goguryeo in 668.

Hwarang, an elite youth brigade, hailed from the upper caste in Silla, willingly died for their country and their family's honor.

Some scholars suggest that the royal families wanted to believe one of their family members was a Mireuk, just as the Lord Buddha Shakyamuni was royalty. One can speculate that the smile expressed in the Maitreya in Meditation sculpture might be an expression of a moment of enlightenment of the Hwarang warriors who willingly gave their lives for their kingdom in the 7th century.

금동 미륵보살 반가 사유상의 오묘하고 잔잔한 미소에는
깨달음뿐만 아니라 미래에 대한 희망도 담겨 있다.

금동 미륵보살 반가 사유상은 반가부좌 자세로 생각에 빠진 미륵보살
의 모습을 금동으로 만들었다고 하여 붙여진 이름이다. 반가 사유상의 얼
굴은 마치 부처가 깨우침을 얻어 해탈의 경지에 이른 듯 부드럽고 오묘한
미소를 띠고 있다. 머리에는 우리 민족이 좋아하는 숫자인 '3'을 표현하듯
3개의 봉우리 모양인 삼산관을 쓰고 있다. 상반신은 아무것도 걸치지 않

은 채 목에 두 줄의 목걸이만 둘러져 있어 간결하다. 하반신을 덮은 옷자락은 얇아서 몸의 굴곡을 그대로 드러내며, 물결치듯 입체적이고 섬세하게 조각되어 있다. 양쪽 무릎은 옷 주름이 생략되어 사실적이다. 몸은 전체적으로 균형이 잡힌 모습인데, 나라를 위해서 기꺼이 목숨을 바쳤던 신라 화랑의 신체를 표현했다고 추측된다.

구체적인 제작 장소와 시기는 알 수 없지만, 대부분의 학자들은 7세기에 만들어졌을 것이라고 말한다. 일본 국보인 광륭사 목조 미륵보살 반가상 역시 금동 미륵보살 반가 사유상을 빼어 닮아, 같은 시기에 같은 작가나 함께 수련한 장인들이 만들었을 것이라고 추측하기도 한다. 금동 미륵보살 반가 사유상이 신라에서 제작되었다고 짐작하는 이유도 있다. 1962년 옛 신라 땅이었던 경상북도 봉화에서 봉화 북지리 석조 반가상의 하반신이 발견되었는데, 그 세부 양식이 금동 미륵보살 반가 사유상과 매우 유사하다는 것이다. 또한 백제 석공들이 절벽에 새긴 서산 용현리 마애여래 삼존상의 오른쪽에는 미륵보살 반가 사유상이 조각되어 있는데, 그 모습이 금동 미륵보살 반가 사유상과 확연히 다르다는 점도 신라 제작설을 뒷받침한다.

신라는 국왕 부부가 승려로 출가하기도 했을 만큼 불교가 깊이 뿌리내린 독실한 불교 국가였다. 7세기 신라가 한반도를 통일하기 위해 끊임없이 전쟁을 하고 앞날을 걱정했을 때에도 사람들은 종교에 많이 의지했다. 특히 미래의 부처인 미륵이 중생을 구제한다고 굳건히 믿었다. 그래서 젊고 자신감 넘치는 화랑들을 미륵에 비유하고, 그들이 미래를 이끌어 갈 것이라고 기대했다. 화랑들의 자기 확신과 깨달음이 해탈로 이어지는 순간, 그것이 반가 사유상의 부드럽고 오묘한 미소로 나타난 게 아닐까.

성덕 대왕 신종

Sacred Bell of Great King Seongdeok

18.9톤의 성덕 대왕 신종 The Sacred Bell of Great King Seongdeok

웅장하면서도 끊어질 듯 세상을 울리는 소리

성덕 대왕 신종은 신라의 제33대 왕인 성덕 대왕을 기리기 위해 만든 범종이다. 성덕 대왕의 아들인 경덕왕 때에 만들기 시작하여 혜공왕 때에 완성되었으며, 높이 3.66미터, 두께 11~25센티미터, 무게 18.9톤에 이를 정도로 거대하다. 성덕 대왕 신종은 유네스코 세계 문화유산인 경주 역사 유적 지구에 자리 잡고 있으며, 현재 국보로 지정되어 있다.

Divine Bell Resonates in the Hearts and Souls of Koreans

During the golden days of the Silla Kingdom in the 8th century, following the unification of Korean kingdoms, the national religion of Buddhism took Silla to new heights.

Peace and prosperity were expressed in the creation of the finest Silla Buddhist treasures. The most famous of these was the "Sacred Bell of Great King Seongdeok."

Casting such a giant bell with 18.9 tons of molten metal seemed like an impossible task in the 8th century. It took many attempts and the combined knowledge of experts from all four Korean kingdoms united under the Silla regime. The final result: an impressive 3.66 meters tall bell that is 25 centimeters thick at its thickest parts.

The Divine Bell of King Seongdeok the Great, which has weathered 1250 years of outdoors elements since its bellfounding in 771, has a mythical dragon named Poroe sitting on top of the bell crown.

The deep and lasting ringing sounds of the "Divine Bell" resonate in the hearts and minds of those nearby, helping them to "transcend believers directly to the 'world of truth'" as it is inscribed on the Divine Bell.

포뢰가 조각된 종의 고리 A dragon named Poroe on top of the bell Crown of the Sacred Bell of Great King Seongdeok

성덕 대왕 신종은 신라 천년의 과학 기술이 담긴 예술품이자
세계적으로 비교 대상이 없을 만큼 독창적인 보물이다.

　'봉덕사종' 또는 '에밀레종'으로 잘 알려진 성덕 대왕 신종은 신라 시대
에 만들어져 오랜 세월 동안 커졌다 작아졌다를 반복하면서 천상의 소리
를 내 왔다. 어떤 사람들은 그 여운이 마치 사람이 심호흡을 하는 것 같다
고 감탄하기도 한다. 종의 윗부분에는 종을 매다는 포뢰(용처럼 생긴 상
상의 동물) 모양의 고리인 용뉴와 잡음을 제거하고 소리의 울림을 도와주

는 대롱 모양의 음통이 있다. 이 음통이 세상의 온갖 어려움을 없애고 평안하게 하는 피리인 '만파식적'을 상징한다고 해석되기도 한다.

종의 표면에는 비천상 4개가 새겨져 있는데, 천상의 선녀들이 하늘거리는 옷을 입고 연꽃 방석 위에 무릎을 꿇은 채 향로를 받든 모습이다. '성덕 대왕의 덕은 산처럼 높고 바다처럼 깊었고 어진 사람을 뽑아 백성들을 편하게 해 태평성대를 열었다'고 칭송하는 1000여 자의 명문도 새겨져 있다. 성덕 대왕의 셋째 아들인 경덕왕이 이러한 아버지의 공을 기리기 위해 742년에 만들기 시작한 성덕 대왕 신종은 771년 혜공왕 때에야 비로소 완성되었다.

현재의 위치인 국립 경주 박물관 종각에 성덕 대왕 신종을 다시 매달 때 각 분야의 전문가들이 모여 종의 무게를 지탱할 방법을 고민했다. 종 꼭대기의 용뉴에 쇠막대를 끼우고 종각에 매달아야 하는데, 종의 무게를 버티려면 쇠막대의 직경이 용뉴 구멍보다 커질 수밖에 없었기 때문이다. 하는 수 없이 원래 사용하던 쇠막대를 다시 끼워 종을 매달았지만, 놀랍게도 가늘고 녹슨 쇠막대는 지금껏 구부러지지도 않고 18.9톤의 거대한 종을 지탱하고 있다.

금속은 온도 변화에 매우 민감하다. 특히 영하의 기온에서는 강철 같은 금속도 쉽게 깨질 수 있기 때문에 겨울에 청동으로 만들어진 종을 치는 것은 위험하다. 하지만 1000년이 넘도록 외부에 노출되어 있는 성덕 대왕 신종은 지금도 변함 없이 아름답고 장엄한 소리를 낸다. 신라 사람들의 금속 다루는 기술이 가히 놀랍기만 하다. 성덕 대왕 신종은 세계 어느 곳에도 비교할 종이 없을 만큼 우수한 유물이다. 온도와 습도가 적절하게 잘 유지되는 환경에서 관리하여 다음 세대에 고스란히 물려줄 수 있기를 바란다.

종을 칠 때 '당목'이 닿는 부분인 '당좌'와 양옆에 조각된 비천상 Buddhist heavenly maidens and a dangjwa, the target to strike on the bell

箭洞新宮造成石子乙復役前
二百車價上下為有昆及時分給
所亦當用車二百輛同價布乙鋪

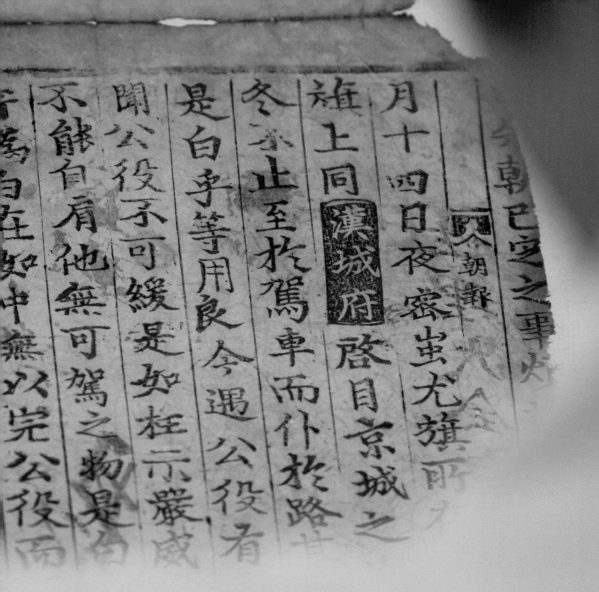

민간 인쇄 조보

Jobo, First Commercial Daily Newspaper

1577년 11월 19일자 조보를 보는 지봉 스님 The Ven. Jibong with the Nov. 19, 1577 edition of The Jobo

세계 최초의 민간 상업 신문과 언론 탄압

조보는 조선 시대에 왕의 명령, 조정의 일, 농사일, 기상 및 천문 등과 관련된 기사를 매일 발행해 관리들에게 전하던 소식지였다. 1577년에는 우리나라 최초로 민간에서 활판으로 인쇄하여 판매까지 한 민간 상업 신문이기도 하다. 2017년 경상북도 영천 용화사의 지주 지봉 스님이 '1577년 11월'이라는 발행일이 찍힌 조보를 발견했다. 현재 경상북도 유형 문화재로 지정되어 있다.

The first case of Press Oppression in Korea

King Seonjo of Joseon clearly understood that "newspapers write the first draft of history", during what was to be the world's first case of press oppression in 1577.

Following three months of brief but historic printing of the world's first commercial daily newspaper in Seoul, using a moveable type printing press, the thirty private entrepreneurs and their families were sent to exile for "treason."

In the Joseon Kingdom, the palace released a daily hand-written government communique, called Jo-Bo, from which a group of entrepreneurs edited and printed a daily newspaper summarizing the vast amount of Jo-Bo news into a shortened commercial newspaper.

Even though Korea had already invented movable metal type printing during the Goryeo Empire (918-1392), ahead of any other cultures around the world, the use of the printing technology to that point was an exclusive domain of the government and Buddhist temples.

When King Seonjo had the entrepreneurs thrown into jail for treason and rebellion, the world's first commercial daily newspaper by private printing press suffered the first case of press oppression in 1577.

목활자(위)와 금속 활자(아래)로 찍은 '날 생(生)' 자 Movable wooden type (top) and metal type (bottom) printed on Nov. 24, 1577

활자 조판 방식으로 찍어 낸 세계 최초의 민간 상업 신문,
조보는 당시 사회상을 기록한 우리나라 '최초'의 언론이었다.

　　조선 시대에 승정원에서 일하던 관리는 매일 아침 왕과 신하들의 회의
가 끝나면 주요한 내용들을 종이에 옮겨 적었는데, 그것을 바탕으로 만든
소식지가 바로 '조보'였다. 필사본으로 만들어진 조보는 중앙과 지방의 관
리들에게 날마다 전해졌다. 왕의 동정과 지시 사항, 관리 임명, 기상과 천
문, 농사, 자연재해, 다른 나라의 동정 등 궁궐 안팎의 소식과 왕과 신하들

二十日無經廷

問安入啓

閤專六

相見事啓下吏曹

사이에서 논의된 내용 등이 기사로 실렸다.

그러던 1577년 8월, 조보를 활자로 인쇄하여 일반 양반들에게 팔고 싶어 하는 사람들이 나타났다. 이들은 의정부와 사헌부의 허락을 받은 뒤, 금속 활자와 목활자로 조보를 날마다 찍어 냈다. 관에서 내려온 내용 중에서 필요한 내용들만 따로 편집했는데, 상업적 요소를 갖추었다는 점에서 세계 최초의 민간 상업 신문으로 볼 수 있다.

그러나 언론의 자유는 1577년 11월 28일, 100여 일 만에 막을 내리고 말았다. 민간에서 조보가 판매되고 있다는 사실을 알게 된 선조가 크게 진노했던 것이다. 임금이 국가의 모든 정보를 독점하던 조선에서 결코 용납할 수 없는 일이었다. 《선조실록》에 따르면 선조는 조보 인쇄에 사용된 금속 활자와 목활자를 모두 압수하고, 인쇄와 발행에 관련된 30여 명에게 혹독한 형벌을 내리고 유배를 보냈다고 한다. 우리 역사에 나타난 언론 탄압의 첫 사례이다. 율곡 이이는 《석담일기》를 통해 '애초에 조보 인쇄를 허락한 것은 의정부와 사헌부인데, 이들이 머뭇거리며 말을 하지 않아 애꿎은 백성들만 형벌을 받았으니 겁만 많고 나약해 의리가 없는 자들'이라고 관리들을 꾸짖었다.

폐간된 지 440여 년 만에 민간 인쇄 조보 중 1577년 11월 6일, 15일, 19일, 23~24일자 신문이 발견되었다. 이 조보에는 왕위 재임 기간이 단 8개월로 조선 왕조 역사 중 가장 짧았던 인종의 삶, 남편 인종이 승하한 뒤 자녀 없이 살았던 인성 왕후의 병환, 승정원 관리의 근무 태만, 불길한 혜성의 출현 등에 관한 소식이 실려 있다. 이를 통해 민간 인쇄 조보가 세계 최초의 상업적인 언론으로서 역할을 충분히 해냈을 것이라 짐작된다.

"다음 날(20일) 임금의 공식 일정 없음" 1577년 11월 19일자 조보의 기록 중에서
The Nov. 19, 1577, edition newspaper reports "the King has no events scheduled on (the next day) 20th day"

草考紙〇不留 [illegible]

捻察惶恐待罪傳曰勿待罪答通禮以下

傳掌令許晉盧稹等累次身病呈辭[illegible]

事下吏曹傳曰明日在外政事爲之〇

許淑洪州地病毋相見事下兵曹典[illegible]

陽府病毋相見事下吏曹答王堂劉同[illegible]

曹啓目向前草溪郡亦奴婢未滿二十

邑常時使喚及水路往來人接對弊及

啓請以有目覩殘弊尤甚是白昆同戰

1577년 11월 23일자 민간 인쇄 조보 The Nov. 23, 1577, edition of The Jobo, the First Commercial Daily Newspaper

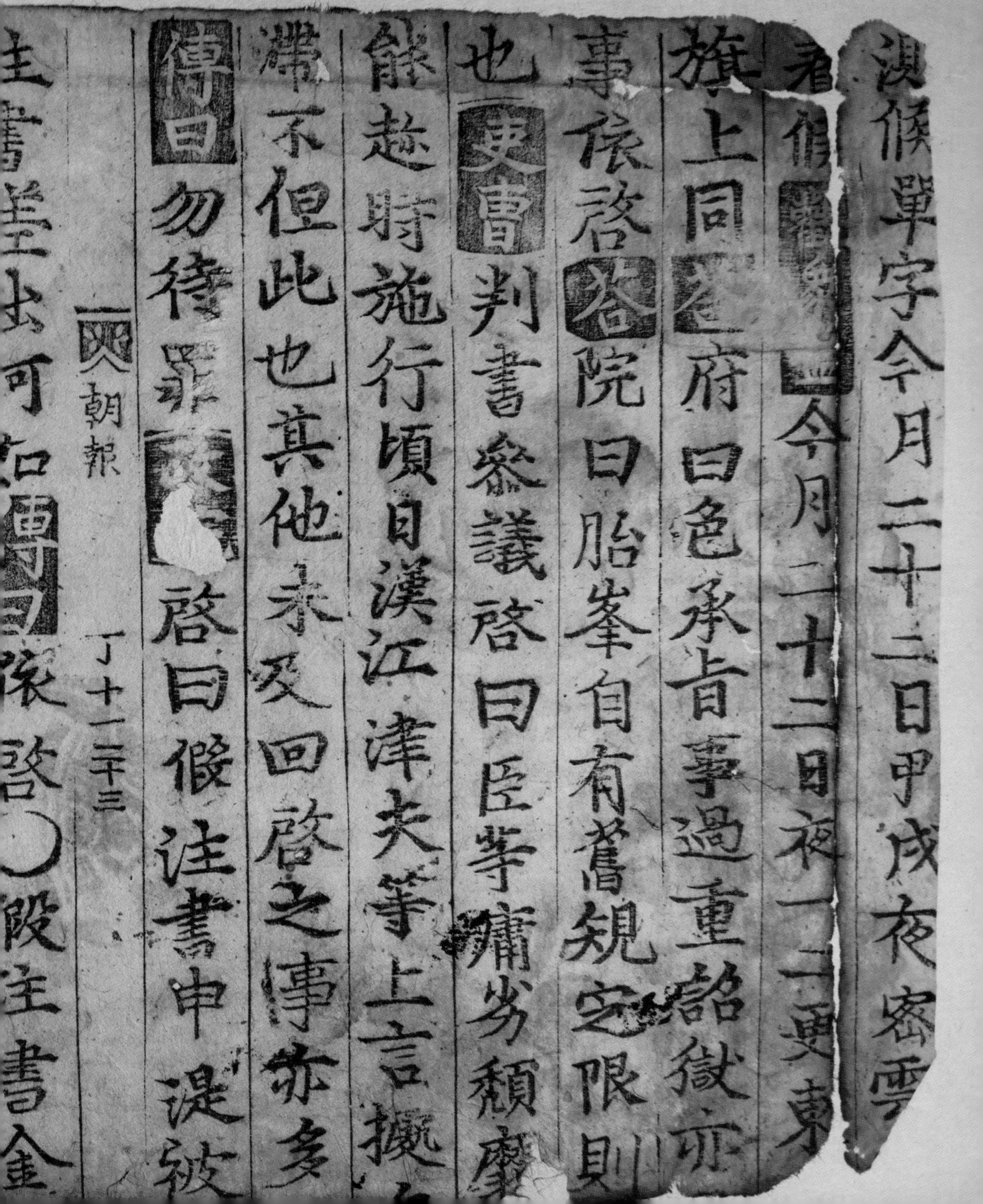

漢候單字令月二十二日甲戌夜密雲

者假

令月二十二日夜一二更東

旗上同【答】府曰色承旨事過重詔獄亦

事係啓【答】院曰胎峯自有舊規定限則

也【吏曹】判書參議啓曰臣等庸劣頹靡

餘趂時施行頃日漢江津夫等上言擬[illegible]

帶不但此也其他未及回啓之事亦多

【傳曰】勿待罪[illegible]啓曰假注書中提彼

一 朝報 丁十一二十三

主書差出可知【傳曰】依啓)假注書金

이순신

Yi Sun-sin

이순신의 검에 새겨진 글 "석 자의 칼로 하늘에 맹세하니 산하가 두려워 떨고, 한 번 휘둘러 쓸어 버리니 핏빛이 산하를 물들이도다." Yi Sun-sin's sword

우리 민족이 영원히 기억할 '충무공'

7년에 걸친 임진왜란. 이순신은 일본이 거세게 침략해 오자 수군을 이끌고 나가 대승을 거둔 명장이다. 이순신이 치른 수많은 해전 중에서도 학이 날개를 편 모양으로 적의 함대를 포위하는 '학익진 전술'을 펼쳐 왜구를 격파한 한산도 대첩은 세계 3대 해전으로 손꼽힌다. 훗날 인조는 이순신의 공덕을 기리며 '충무공'이라는 시호를 내려 크게 칭송했다.

Do or Die naval battles defined Admiral Yi Sun-sin

One year before the Japanese invasions of Korea, which began in the year of the Dragon in 1592, a battle-hardened soldier and commander Yi Sun-sin (1545-1598) was just assigned to the duties of commanding Joseon Navy in the South West coasts at the age of 46.

General Yi Sun-sin ordered renovation and improvement of the 35-meter-long Geobukseon, the Turtle Ship, covered with metal plates and sharp metal nails that prevented enemy seamen from jumping on the ship. He also ordered the building of the fast and sturdy battleship, the 140.3-ton Panokseon destroyers. Both were products of Korea's long tradition of maritime dominance in East Asia, equipped with multiple large cannons.

Of 23 naval battles during the war against the Japanese, General Yi Sun-sin was victorious every time. This is a record in the world's naval warfare history.

In the Myeongnyang Battle, on October 25, 1597, Admiral Yi Sun-sin, using just thirteen Panokseon battleships, fought the Japanese navy near Jindo Island, off the southwest corner of the Korean peninsula, decimating some 330 Japanese warships.

이순신 장군을 임시로 안치했던 월송대 The temporary resting place of Admiral Yi Sun-sin during the first 80 days in 1598

'죽고자 하면 살고 살고자 하면 죽을 것이다'라는 마음으로
이순신은 조선을 위해 치열하게 싸웠다.

    오늘날까지도 많은 사람에게 뛰어난 장수이자 존경받는 영웅, 충무공 이순신. 32세라는 늦은 나이에 무관이 된 이순신은 전라 좌수사에 임명된 뒤 수군을 훈련시키고 거북선을 보수하는 등 외적의 침입에 대비했다. 1592년 임진왜란이 일어나자, 옥포 해전을 시작으로 사천 해전, 당항포 해전, 한산도 대첩 등 모든 해전을 승리로 이끌었다.

승승장구하던 이순신에게도 고비는 있었다. 이순신을 시기한 신하들의 모함과 일본의 계략, 선조의 불신 때문에 옥에 갇히게 된 것이다. 가까스로 죽음은 면했지만, 관직을 내려놓고 일반 병사가 되었던 때도 있었다.

전라남도 해남은 1597년 삼도 수군통제사였던 이순신이 명량 해협에서 일본 수군과 전투를 하기 전에 진을 쳤던 곳이다. 12척의 배를 이끌고 명량 해협으로 나간 이순신은 330척에 이르는 일본군 함대를 격파하고 승리를 거두었다. 그의 공을 기리기 위해 숙종 때 세운 명량 대첩비가 해남에 남아 있다. 일제 강점기에 일본이 대첩비를 경복궁 근정전 뒤뜰에 파묻기도 했는데, 광복을 맞이하면서 찾아내어 다시 해남으로 옮겼다.

7년 동안 이어진 임진왜란은 1598년 11월 19일, 노량 앞바다에서 조선군의 승리로 막을 내렸다. 노량 해전은 이순신의 마지막 전투이기도 했다. 전라남도 완도군 고금도에 있는 월송대는 노량 해전에서 전사한 이순신의 유해를 충청남도 아산으로 모시기 전까지 83일 동안 임시로 안장했던 곳인데, 풀이 나지 않기로 유명하다. 얼마나 한 많은 삶을 살다 갔으면 풀이 나지 않을까. 충청남도 아산에 있는 현충사는 이순신의 넋을 기리는 사당이다. 이곳에는 이순신이 7년 동안 전쟁을 치르면서 쓴 《난중일기》가 보관되어 있다. 매일매일의 날씨 변화와 전투 기록, 마음에 품은 생각 등을 기록해 둔 자료로, 유네스코 세계 기록 유산에 등재되어 있다.

훗날 정조는 이순신을 추모하며 '충의를 드높이고 무를 드러내는 비석'이라는 뜻의 상충정무지비를 세웠다. 나라를 위해 치열하게 싸운 이순신의 업적은 비석뿐만 아니라 우리 민족의 가슴에도 오래도록 새겨져 있을 것이다.

명량 대첩이 벌어졌던 진도 앞바다. The waters near where Adm. Yi Sun-sin decimated some 330 Japanese warships in 159

이순신을 기리는 완도 고금도의 충무사 The Chungmusa, a memorial shrine dedicated to Adm. Yi Sun-sin in Wando

독도

Dokdo

서도의 야경. The stars twinkle over the West Dokdo Island.

한국에서 가장 먼저 해가 뜨는 곳

독도는 약 460만 년 전 해저 2000미터에서 화산이 폭발하여 만들어진 화산섬이다. 해발 98.6미터의 동도와 해발 168.5미터의 서도, 그리고 89개의 작은 섬으로 이루어져 있다. 울릉도에서 약 88킬로미터 떨어져 있으며, 한반도의 가장 동쪽에 위치한 우리나라 섬이다. 독도의 독특하고 다양한 자연 생태계와 역사, 그 가치를 보호하기 위해 천연 보호 구역으로 지정하여 관리하고 있다.

Dokdo is the first Sunrise Point of Korea

Located only 54 miles from Ulleungdo county in the East Sea, Dokdo is a "significant size under-water mountain," with the highest part rising above sea level, and surrounding waters at an average depth of 2,000 m.

The Dokdo Island Natural Reserve, Korea's Natural Monument No. 336, is a group of 89 islands with two main islands: East Island, with an elevation of 98.6 m, and West Island, with an elevation of 168.5 m. The nature preserve is currently under the protective jurisdiction of The Dokdo Security Police Force.

Dokdo and Ulleungdo began their formation from underwater volcanic activity about 4.6 million years ago, and finally surfaced above water about 2.95 million year ago, according to the Korea Institute of Ocean Science and Technology.

Dokdo Islands had been home to the Dokdo Sea Lion, which were heavily hunted by the Japanese starting in the early 1900s and methodically slaughtered during the Japanese colonial period. The Sea Lions have since vanished from the islands.

The area around Dokdo Islands has always been a great fishing ground, and many fishing boats are still operating in the area day and night.

독도에서 휘날리는 태극기 Taegeukgi, the National Flag of Korea, flies over the Dokdo

경상북도 울릉군 울릉읍 독도리, 독도는 태고의 신비부터
근현대사의 아픔까지 모두 간직한 한국의 섬이다.

　한국에서 가장 먼저 해가 뜨는 곳, 독도는 다양한 생태계를 자랑하는
독특하고 신비로운 섬이다. 어류와 해조류 등 300종이 넘는 풍부한 해양
생물이 살고 있어 '바다의 보물 창고'로 불린다. 독도의 해양 생물이 다채
로운 것은 독도가 육지와 멀리 떨어져 있는 데다 한류와 난류가 만나는
해역이기 때문이다. '새들의 고향'이라는 노랫말처럼 독도는 흑두루미, 바

다제비, 뿔쇠오리 등 다양한 철새들이 머물고 번식하는 곳이기도 하다. 또한 독도에는 강한 바닷바람을 이겨 내며 자라는 사철나무가 있다. 독도에서 가장 오래된 나무로, 100살이 넘는다. 독도에서는 섬초롱꽃, 섬기린초 등 독도에서만 살고 있는 식물을 비롯하여 60여 종의 식물과 130여 종의 곤충도 발견할 수 있다.

독도는 우리 근현대사의 소용돌이 속에서도 꿋꿋이 아픔을 견뎌 왔다. 러시아와 전쟁을 치르던 일본은 울릉도와 독도를 군사 기지로 삼았으며, 전쟁에서 승리한 뒤 두 섬을 불법으로 일본 영토에 포함시키기까지 했다. 한편 독도는 동해 연안에서 번식한 바다사자인 '강치'들의 터전으로, 무려 3만여 마리가 독도와 울릉도 주변에 살았다. 그러나 일제 강점기에 일본인들이 무자비하게 강치를 잡아 가방을 만들고 기름과 비료로 사용하면서 강치는 결국 멸종되고 말았다. 어디 그뿐일까. 일본인들이 나무가 울창했던 울릉도에서 자란 진귀한 향나무를 모조리 베어 가는 바람에 그 수가 급격히 줄어들고 말았다. 광복 이후에도 독도의 아픔은 끝나지 않았다. 1948년 6월 8일, 미군들이 폭격 연습을 위해 독도 상공에서 폭탄을 떨어뜨린 것이다. 이날 폭격으로 독도에서 미역을 채취하고 고기잡이를 하던 어민들이 목숨을 잃었다. 실제 사망자 수가 150~200명으로 추정되지만, 안타깝게도 진상 조사가 제대로 이루어지지 않고 있다. '독도 조난 어민 위령비'만이 어민들의 희생을 위로할 뿐이다.

1900년 10월 25일, 고종 황제가 대한 제국 칙령 제41호로 독도를 울릉도 부속 섬으로 밝힌 날이자 우리가 절대 잊지 말아야 할 '독도의 날'이다.

동도와 서도 그리고 89개의 크고 작은 섬들로 이루어진 독도 The Dokdo is a group of 89 islands with two main islands

태극기

Taegeukgi

현재 한국에 남아 있는 태극기 가운데 가장 오래된 '데니 태극기'
"Denny's Taegeukgi" was Emperor Gojong's gift to Owen N. Denny in 1890

자주독립 정신과 애국심의 상징

1882년 처음 만들어져 국기로 사용된 이후 조선, 대한 제국, 대한민국 임시 정부의 국기를 거쳐 오늘날 대한민국의 국가 상징으로 자리 잡은 태극기. 일제의 탄압을 받는 순간에도 국민들은 태극기를 손에 들고 민족의 독립을 열망했다. 오늘날 한국에 남아 있는 태극기 중 가장 오래된 '데니 태극기'는 100년 역사를 품고 1981년 6월, 미국에서 돌아와 고국 품에 안겼다.

Balance and harmony of the universe in Korean Flag

The oldest surviving official flag of Korea, the Taegeukgi, registered as heritage No. 382 by the Cultural Heritage Administration, is named "Denny's Taegeukgi," which Emperor Gojong reportedly presented to his U.S. diplomatic adviser Owen N. Denny (1838-1900) in 1890.

The official designer of the Taegeukgi (태극기), the official flag of Korea, is Joseon's last King (26th) and later the founding Emperor of Korea, Emperor Gojong (1852-1919). The 1882 design is based on the Taegeuk Palgwedo (태극 팔괘도) of the Royal flag of Joseon Dynasty (1392-1897).

The Taegeukgi represents the harmonious balance of the world and the universe. The flag's red, blue and white colors represent yang (red), eum (blue), and peace (white) which also represent the People (white), the Government (blue), and the King (red). The four sets of black bars called gwe (궤) represent the heaven and earth, water and fire. They also symbolize the four seasons.

During the Japanese colonial period in 1944, the United States Postal Service published the 5-cent Korea single stamp bearing the flag image of Korea which brought much delight to Korean Americans.

일제 강점기인 1944년 미국 우정국에서 발행한 '한국'이라는 이름의 우표로, 태극기가 인쇄되어 있다.
The 5-cent Korea single US stamp bearing the Korean flag image

조선 시대부터 사용된 국가의 상징, 태극기
마침내 광복을 이루고 민주주의 국가로 발돋움하게 해 준 보물

　1876년 개항 이후 국기의 필요성을 인식하고 있던 조선 정부는 1882년 미국과의 수호 통상 조약에서 처음으로 국기를 만들어 사용했다. 조선의 임금을 의미하는 깃발인 어기, '태극팔괘도'를 응용하여 백성의 흰 옷을 상징하는 흰색 바탕에 왕의 옷인 붉은색과 신하의 옷인 푸른색으로 이루어진 태극 문양을 그려 넣고 주변에 팔괘를 두른 모습이었다.

같은 해 8월 수신사 자격으로 일본에 건너가게 된 박영효는 수정을 거쳐 지금과 유사한 모습의 태극기 최종안을 만들었다. 가운데에는 푸른색과 붉은색이 회오리처럼 휘감긴 태극 문양을 그려 넣어 고종이 계승하고자 했던 정조의 '군민일체' 사상을 표현했으며, 팔괘를 줄여 네 모서리에 '건곤감리' 네 개의 괘만을 남겼다. 건괘(☰)는 하늘을, 곤괘(☷)는 땅을, 감괘(☵)는 물을, 이괘(☲)는 불을 의미하며 계절로는 각각 봄, 여름, 겨울, 가을을 상징한다. 이듬해인 1883년 고종은 이 태극기를 조선의 정식국기로 선포했으며, 1897년 마한, 진한, 변한, 즉 삼한을 아우른 민족의 정

통성을 계승하는 의미를 담은 '대한 제국'을 선포한 뒤에도 대한 제국의 정식 국기로 사용했다.

일제 강점기에는 태극기 사용이 금지되었으나 1919년 3·1 운동 당시 전국에서 태극기를 손에 들고 만세 운동에 동참했으며, 1919년 4월 11일, 중국 상해에서 수립된 대한민국 임시 정부는 태극기를 국기로 채택했다. 정식 국기가 되었음에도 1949년 10월에야 비로소 태극기는 지금의 모습을 갖추었다.

현재 한국에 남아 있는 태극기 가운데 가장 오래된 것은 2021년 보물로 승격된 '데니 태극기'이다. 1889~1890년경에 제작된 것으로 추정된다. 고종의 외교 고문을 지낸 미국인 오언 데니가 미국으로 돌아갈 때 가져간 태극기로, 그의 이름을 따서 불리고 있다. 데니의 후손들이 보관하다 1981년 한국으로 돌아왔다. 데니 태극기는 세로 길이 182.5센티미터, 가로 길이 262센티미터로 현재 한국에 있는 옛 태극기 가운데 가장 크다. 흰색 광목 두 폭을 잇고 붉은색과 푸른색 천으로 태극 문양을, 푸른색 천으로 모서리의 사괘를 바느질해 만든 것이 특징이다.

미국 워싱턴에 세워진 '주미 대한 제국 공사관' 1층 중앙홀 벽면에 데니 태극기와 크기가 유사한 대형 태극기가 걸려 있던 모습이 현재 사진으로 남아 전해진다. 주미 대한 제국 공사관은 1888년부터 조선의 외교관이 파견되어 근무하던 외교 공관으로, 공사관 정면 출입구에 태극기가 새겨져 있으며 옥상에도 태극기를 게양했다. 2024년 9월, 미국의 국가 사적지로 공식 등재되었다.

大韩民国临时政府旧址

1919년 중국 상해에 세워진 대한민국 임시 정부 청사
The Provisional Government of the Republic of Korea, founded in Shanghai on April 11, 1919

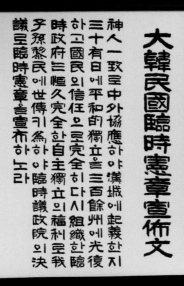

大韓民國臨時憲章宣佈文

神人一致로 中外協應하야 漢城에 起義한지 三十有日에 平和的 獨立을 三百餘州에 光復하고 國民의 信任으로 完全히 다시 組織한 臨時政府는 恒久完全한 自主獨立의 福利로 我 子孫黎民에 世傳키 爲하야 臨時議政院의 決議로 臨時憲章을 宣佈하노라

大韓民國臨時憲章

第一條 大韓民國은 民主共和制로함
第二條 大韓民國은 臨時政府가 臨時議政院의 決議에 依하야 此를 統治함
第三條 大韓民國의 人民은 男女貴賤及貧富의 階級이 無하고 一切平等임
第四條 大韓民國의 人民은 信敎·言論·著作·出版·結社·集會·信書·住所·移轉·身體及所有의 自

국회 의사당에 걸려 있는 대한민국 임시 헌장. 1919년 선포되었으며, "대한민국은 민주 공화제로 함"이라고 명시되어 있다.
The first article in the Republic of Korea's 1919 constitution reads 'Korea is a Democratic Republic'

UNIQUELY KOREAN HERITAGE

한국의 고유함을

오롯이 새긴 유산

한국 범(호랑이)

Korean Tigers

눈 내린 국립백두대간수목원에서 만난 한국 범 '무궁'
A Korean Tiger plays with snow at the Baekdu Mountain Tiger Conservancy

한반도를 호령하던 용맹한 포식자

호랑이는 순우리말로 '범'이라고 부른다. 한국 범은 동북아시아를 서식지로 하는 시베리아 호랑이와 같은 핏줄로, 기백과 용맹함으로 한반도의 백두대간을 호령하던 최상위 포식자였다. 동시에 인간에게는 두려운 존재이자 경외와 숭배의 대상이었다. 선사 시대부터 10만 년 넘게 한반도에 서식하며 우리 민족의 삶과 문화 곳곳에 스며든 한국 범은 일제 강점기에 야생에서 완전히 사라져 멸종 위기에 처했다.

Korean Tigers symbolizing Courage, Power, and Strength

Tigers have been a part of Korean life since the earliest recorded Korean folklore.

The Korean tiger shares the same DNA with Siberian tigers. This made Korean tiger skins one of the most sought after trophies from Korea, starting in the Roman period and continuing through the 20th century. Serica (Silla) of Ancient Joseon traded with Romans over the Steppe Route, the major overland route that connected Europe to far East Asia for thousands of years.

The Korean land abounded with tigers in the mountains until 1924. That was when the last known Korean tiger was hunted down. The tigers were hunted to extinction in the wilderness by the Japanese during the colonial period (1910-1945). Now this beautiful and magnificent creature can only be found in places like the Baekdu Mountain Tiger Conservancy.

Over three quarters of Korean land is mountainous, an ideal habitat for Tigers on top of the food chain. Korean folklore is riddled with Tiger stories.

According to the Veritable Records of the Joseon Dynasty, the longest continual documentation of a single dynasty in the world from 1392 to 1865, there were tiger sightings and attacks along the Baekdu Mountain Range in all eight provinces of Korea.

익살스러운 표정으로 카메라를 응시하는 한국 범 '태범'
A Korean Tiger plays at the Baekdu Mountain Tiger Conservancy in Bonghwa County

10만 년 넘게 우리 민족과 함께해 온
한국 범의 과거, 현재 그리고 미래

　　매우 용맹스럽고 날쌘 것을 가리켜 우리는 '비호같다'고 이야기한다. 이
때 '비호(飛虎)'는 나는 듯이 빠르게 달리는 호랑이, 그러니까 범을 뜻한다.
범은 단군 신화에 등장할 만큼 우리 민족과 오랜 시간 함께해 왔으며, 백
두대간으로 연결된 우리나라 산에는 선사 시대부터 범이 많기로 유명했다.
《삼국사기》 신라본기에는 신라의 헌강왕 11년(885년) 2월에 범이 궁궐

마당에 들어왔다는 기록이 남아 있으며, 고려 시대에는 수도인 개경 일대에 범이 54차례 나타났다고 분석한다. "팔도에 모두 호환(범에게 습격당해 입는 피해)이 있었는데, 특히 영동 지방이 심하여 범에게 물려 죽은 자가 40여 명에 이르렀다." 1735년《조선왕조실록》영조 11년 5월 29일의 기록이다.《조선왕조실록》에는 이 사건을 포함해 범이 출몰했다는 기록이 무려 937회에 걸쳐 등장한다.

범은 우리 선조들에게 두려움의 대상인 동시에 귀신과 나쁜 기운을 물리쳐 주는 수호신 같은 존재였다. 그림, 조각, 장식품, 설화 등에 범이 자주 등장하는 까닭일 것이다. 선사 시대 유산인 반구대 암각화에는 범 14마리가 새겨져 있다. 고구려 고분 벽화의 사신도에는 서쪽을 지키는 신으로 백호가 그려져 있으며 이 전통은 고려 시대를 거쳐 조선 시대까지 이어졌다. 조선의 민화에서는 유독 범을 많이 찾아볼 수 있다.

이처럼 우리 민족의 건국 이야기부터 한반도 전체에 모습을 보였던 한국 범은 일제 강점기를 거치면서 야생에서 사라졌다. 1924년 강원도 횡성에서 마지막으로 범이 잡힌 뒤 공식적으로 멸종되었다. 일제가 사람과 재산에 위해를 끼치는 해로운 동물을 포획한다는 구실로 '해수 구제 사업'을 펼친 까닭이다. 조선 시대에도 나라와 백성의 안전을 위해 범 사냥이 이루어졌지만, 일제의 남획은 대대적이고 무분별했다. 일본에는 범이 살지 않았기 때문에 일본인들에게 한국의 범을 사냥한다는 것은 '동물의 왕'을 사냥하는, 값을 매길 수 없는 특별한 탐험인 동시에 조선인의 기개를 꺾고 우리 문화를 말살하기 위한 상징적인 행위였다. 범이 호랑이라는 한자어로 불리기 시작한 것도 일제 강점기였다. 해로운 동물로 범과 늑대(이리)를 한데 뭉뚱그려 '호랑(虎 범 호, 狼 이리 랑)'이라고 부른 것이다.

'무궁'이 눈 덮인 국립백두대간수목원을 뛰어다니고 있다.
A Korean Tiger runs around after a snowfall at the Baekdu Mountain Tiger Conservancy

동부 아시아 대륙의 야생에 남아 있는 범은 450마리 정도뿐이다. 한국 전쟁 이후 한반도의 허리를 가로질러 놓인 휴전선 철조망에 막혀 우리나라에는 아직도 아시아 대륙의 야생을 누비는 범들이 넘어오지 못하고 있다. 먹이사슬 최정점의 포식자로 다른 야생 동물들의 개체수를 균형 있게 유지하며 생태계 다양성을 지키고 건강한 숲을 만들어 주는 야생 범이 없는 대한민국 자연의 먹이사슬은 여전히 미완성 상태이다.

경상북도 봉화에 있는 '국립백두대간수목원 백두산호랑이보전센터'는 한국 범이 야생성을 지킬 수 있는 자연환경에 가장 가까운 마지막 서식처이다. 야생에서 수컷 범의 활동 반경은 약 1,000제곱킬로미터로

1446년 반포된 《훈민정음해례본》에 "호(호랑이)는 범이라고 한다"라고 쓰여 있다.
Beom is Ho(tiger) says in this Hunminjeongeum Hyerae of 1446

매우 넓은 데다 측정된 최대 속도가 시속 64킬로미터에 이를 정도로 질주 본능이 있어, 범에게는 날마다 뛰는 운동이 필수이다. 하지만 한국 범의 후손인 4살 태범이는 백두산호랑이보전센터 뒷마당을 뛰어다닐 수밖에 없다. 더 넓은 산에서, 조상들이 호령하던 아시아 대륙과 한반도 전체에서 맘껏 뛰놀 수 있도록 해 주지 못하는 것이 못내 안타깝다.

한바탕 눈밭을 뒹군 한국 범 '한'
A Korean Tiger paying in the snow at the Baekdu Mountain Tiger Conservancy

'태범'이 국립백두대간수목원 눈밭을 거닐고 있다.
A Korean Tiger at the Baekdu Mountain Tiger Conservancy in Bonghwa County

토종개

Korean Native Dogs

뛰어노는 경산의 황삽살개 '나눔'(가운데), 청삽살개 '가람'(뒤), 흑갈색의 단모종 삽살개 '가을'(앞) Korean Sapsaree Dogs play together

한국 고대 문명사와 같이해 온 반려견

개는 인류 역사상 가장 오래된 가축으로 여겨진다. 일찍부터 사람과 더불어 살기 시작했기 때문에 지역마다 그곳의 풍토나 기후에 적응한 토종개가 생겨났고, 사람과 함께 살며 집을 지키고, 목축과 사냥을 도왔다. 우리 땅에도 건강하고 똑똑한 토종개인 삽살개, 진도개, 동경이, 풍산개 등이 있다. 생김새와 크기는 달라도 유전적으로 매우 가까운 우리의 고유한 토종개들이다.

Stiff Competition in Korea to be man's Best Friend

Choosing a BFF among Korean native dogs could be a happy dilemma for dog lovers.

Korean native dog breeds - Jindo, Sapsaree and Donggyeongi - all are intensely loyal. These breeds are protected under the law and respective local governments provide support for the preservation of the native breeds.

One of the earliest evidence of dogs in Korea is a prehistoric rock carving image of a dog at the Bangudae Rock Art Petroglyphs site. It shows an oval shape-chested, arched back dog, with tail pointing up, a typical image of the Korean native breed of dogs.

Jindo Dogs, the most populous Korean breed, are extremely alert and excellent hunters. Donggyeongi looks identical to Jindo Dogs except it has a naturally docked tail.

Sapsaree Dogs in Korean culture are defined as all dogs with long hair.

Professor Ha Ji-hong, a Ph.D. in microbial genetics, restored the Sapsaree and Badugi breed from near extinction.

Preliminary research into the DNA of Korean dogs indicates that Sapsaree Dogs are found to be at the top of the genetic hierarchy of dogs in East Asia.

경주개 동경이 '석돌' A Donggyeongi Dog named Seok-dol looks identical to a Jindo breed except for a naturally docked tail

선사 시대부터 우리 민족과 함께 생활해 온 토종개는
우리 역사의 증거이자 걸어 다니는 역사책이다.

우리나라에서 가장 오래된 토종개는 천연기념물로 지정된 '경주개 동경이'이다. 기록에 따르면 신라 시대부터 경주 지역에서 자랐다고 전해지며, 신라 고분에서 출토된 토우에서도 동경이를 발견할 수 있을 정도로 역사가 깊다. 동경이는 꼬리가 뭉툭하고 짧아 '꼬리 없는 개'라고도 불린다.

토종개 중에서도 털이 긴 개들은 일반적으로 삽살개라고 불린다. 불길

에 휩싸인 주인을 구하기 위해 털에 물을 흠뻑 묻혀 와 주인을 살린 오수견 이야기나 판소리 춘향전의 "계화 밑에 삽살개 짖는구나."라는 구절 등으로 미루어 오래전부터 털이 긴 삽살개가 있었던 것으로 추정된다. 삽살개 중에서도 '경산의 삽살개'는 천연기념물로 지정되어 있다.

천연기념물로 지정된 진도개는 수백 킬로미터 떨어진 곳에서도 집을 찾아올 정도로 놀라운 능력을 지닌 토종개로, 높은 지능, 뛰어난 사냥 능력, 주인에 대한 강한 충성심을 자랑한다. 일제 강점기에 일본은 겨울 외투를 만든다는 이유로 전국의 토종개 150만여 마리를 도살했다. 그때 거의 유일하게 살아남은 토종개가 바로 진도개이다. 1938년 일본인 모리 교수의 제안으로 일본이 진도개를 조선 명승고적으로 지정했기 때문이다. 그러나 이것은 진도개의 생김새가 일본의 토종개와 비슷하다는 근거를 들어 '일본과 조선은 한 몸'임을 내세우며 자신들의 조선 침략을 정당화하려는 일본의 속내였다. 진도개는 유전적으로 늑대와 가장 가까운데, 두 번째로 가까운 것이 바로 북한이 원산지인 풍산개이다. 호랑이나 곰 사냥에도 풍산개를 동원했다는 이야기가 전해 내려올 정도로 용맹하며, 강인한 체력을 자랑한다.

삽살개, 진도개, 동경이, 풍산개는 생김새와 크기는 서로 다르지만, 유전적으로는 매우 가깝다. 국내 대학에서 진행 중인 토종개들의 유전체 연구를 보면, 삽살개 유전체에는 진도개와 동경이 등 우리 고유 견종의 유전자가 담겨 있음을 알 수 있다. 일제 강점기에 일본이 삽살개를 박멸하는 바람에 멸종 위기에 처하기도 했지만, 복제 연구를 통해 삽살개가 자연 번식을 할 수 있게 되었고 토종개 유전체에 잠재되어 있던 역사 속의 토종개가 나타나기 시작했다. 조선 시대 병풍과 민화 속에서만 볼 수 있었던 토종 삽살개인 '바둑이'가 대표적인 예로, 2017년 체세포 복제에 성공하면서 짧은 털과 얼룩무늬를 가진 순수 토종견을 보존할 수 있게 된 것이다. 삽살개 유전체에는 극동 아시아 주변 국가들의 견종들인 티베탄 마스티프, 퍼그, 시추, 페키니즈 등의 유전 정보도 담겨 있다. 삽살개가 동아시아 개들의 조상이자, 우리 민족의 역사를 넘어 동아시아 인류 역사까지 포함하는 셈이다. 최근 연구에 따르면, 진도개와 베트남 개 사이에 유전학적인 공통점이 많다고 하니, 고대 우리 민족의 활동 구역이 아시아 해역을 따라 멀리까지 뻗어 있음을 추정할 수 있다.

한편 진도개와 생김새가 비슷하면서도 세계적으로 희귀한 릿지백 특성을 가진 우리 토종개가 제주도에 있다. 제주 토종 릿지백은 1986년부터 국가의 관리를 받으며 순수 명맥을 유지하고 있다. 60여 마리 중 절반은 진도개와 비슷한 모습이고, 나머지 절반은 뒷머리부터 꼬리까지 털이 서 있는 릿지백 특성을 갖고 있다. 최근 3마리의 제주 토종 릿지백을 교육해 온 훈련사들은 개들이 놀랄 만큼 빠르게 학습하고 훈련사와 깊은 교감을 나누면서 잠재된 사회성이 풍부하여 사람들에게 사랑받는 반려견이 될 수 있을 거라고 한껏 기대했다.

바야흐로 국민 4명 중 1명이 반려동물을 키우는 시대이다. 강한 생명력으로 이 땅에서 우리 민족의 삶과 궤적을 같이해 온 우리 토종개들의 재발견이 더더욱 필요한 때이다.

뒷머리부터 꼬리까지 털이 서 있는 제주 토종 릿지백 Korean Jeju Ridgeback, the Jeju native dog

고창 읍성 둘레길이 황산삽개 '은결' 바둑이 '동행' Sansaree named Eun-gyul (L) and Dong-haeng (R) visiting the Gochang Eupseong Fortress

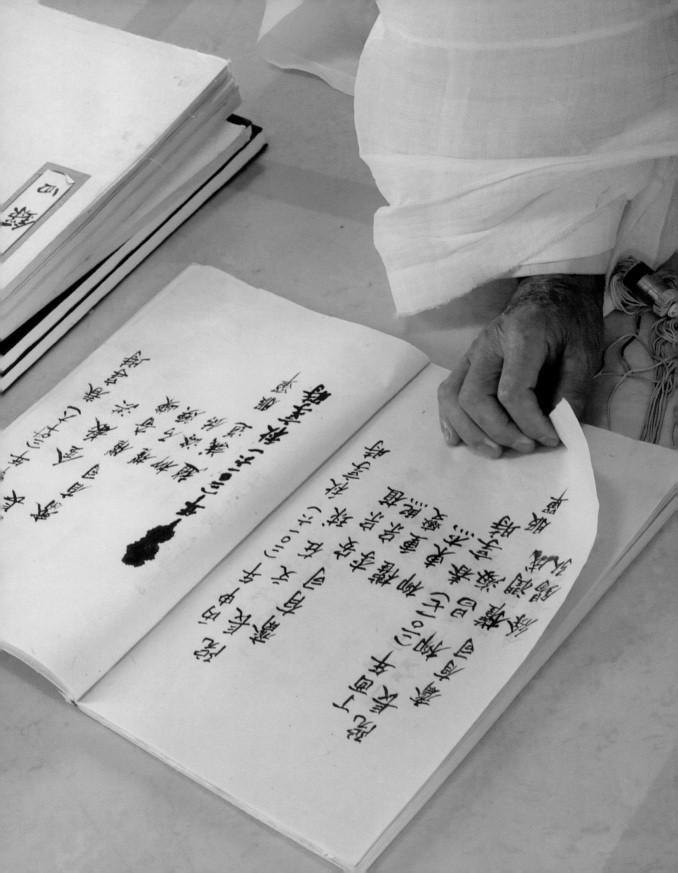

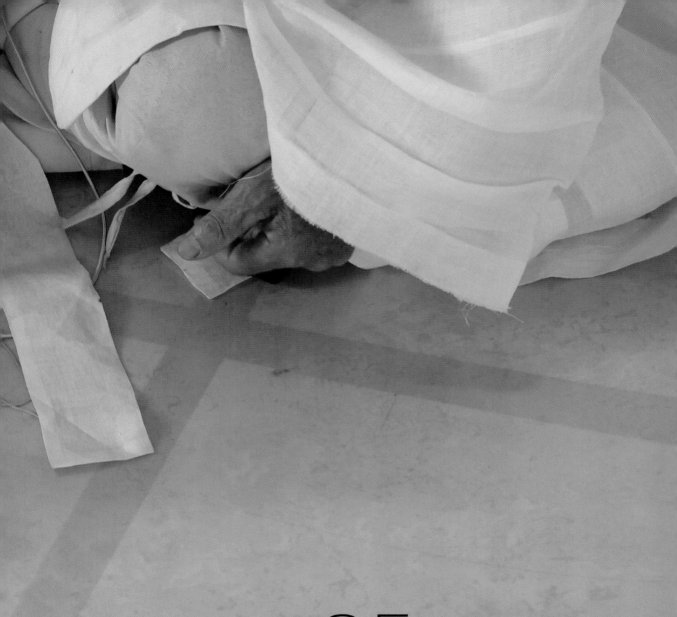

온돌

Ondol, Traditional Underfloor Heating System

한국인의 전통적인 온돌방 좌식 문화 Koreans sit on the Ondol floor, an elevated indoor floor that is heated from below

세계로 퍼진 한국의 온돌

'따뜻하게 데운 돌'이라는 뜻의 온돌은 우리의 고유한 난방 장치이다. 방바닥에 구들을 깔고 아궁이에 불을 지펴서, 그 열기로 구들을 달구어 방바닥과 방 안의 공기를 데우는 방식이다. 초기 철기 시대에 방 일부에 구들을 놓는 '쪽구들'에서 시작된 온돌은 삼국 시대를 거쳐 고려 시대에 온돌방으로 더욱 발전했다. 그러다 조선 후기에 이르러 온돌 문화가 전국으로 퍼졌다.

Ondol the Original Korean Underfloor Heating

Koreans have been staying warm for millennia by using a minimum amount of fuel to cook while warming the home at the same time.

In the Ondol floor design of Korean homes, stone slabs supporting an elevated indoor floor, are heated when fire used for cooking is simultaneously repurposed for heating the house.

In Korean culture, people take off their outdoor shoes when entering homes. When it's cold outside, sitting on the warm Ondol floor keeps everyone warm.

An Ondol room becomes a living room, a dining room when a low-legged dining table is brought in, a library or study room when the dining table is cleared of food, and the table becomes a desk. At the end of the day, the multi-purpose Ondol room turns into a bedroom.

A well-made Ondol floor can stay warm for many days after the floor has been sufficiently heated.

Modern underfloor heating systems using warm water between floor joists and electric radiant heating systems under hardwood floors bring indescribable warmth and comfort for indoor barefoot cultures all over the world.

병산 서원 온돌방에 앉아 있는 김태균(1933-2022) 서예가 Calligrapher Kim Tae-gyun and Soban table on the Ondol floor

방 안 가득 온기를 전하는 발바닥 아래의 비밀,
온돌은 독창적이고 과학적인 우리 민족의 주거 문화이다.

우리의 주거 문화에서 빼놓을 수 없는 것은 바로 온돌이다. 온돌은 주변의 다른 문화권에서는 찾아볼 수 없는 한국의 고유한 난방 기술이다. 초기 철기 시대부터 오늘날에 이르기까지 형태는 조금씩 변했지만, 독창적이고 과학적인 온돌의 난방 원리는 수천 년간 이어져 왔다. 실내에서 신발을 신고 생활하는 서양 사람들과 달리, 우리나라 사람들은 방바닥에 앉거

나 눕는 등 몸의 많은 부분이 바닥에 닿는 것을 선호한다. 이러한 좌식 문화가 발전해 온 데에는 온돌의 역할이 매우 크다. 전통적인 온돌방은 온 식구가 모여 앉으면 거실이 되고 밥상을 차리면 주방이 되었으며, 책을 읽으면 서재가 되고 이불을 펴면 침실이 되었다.

온돌은 불을 지피는 아궁이, 아궁이의 열기가 온돌로 들어가게 하는 부넘기, 방바닥 아래로 열기가 지나가는 고래, 열기를 머물게 하는 개자리, 고래 위에 깔아 방바닥을 만드는 구들장, 연기가 밖으로 빠져나가는 굴뚝으로 이루어져 있다. 아궁이에 땔감을 넣고 불을 지피면 열기가 미로처럼 짜여진 고래를 통과하면서 구들장을 서서히 데우는데, 이때 따뜻해진 방바닥의 공기가 위로 이동하면서 방 안의 공기를 골고루 덥히는 원리이다. 잘 설계된 온돌에서는 아궁이의 불이 꺼진 뒤에도 방 안이 훈훈할 정도로 난방 효과가 뛰어나다. 구들장 위에는 황토와 진흙을 발라 방바닥을 만들었는데, 바닥에서 올라오는 습기를 막아 주었다. 또한 벽지와 장판, 문과 창문의 재료로 한지를 사용하여 실내 온도와 습도를 적절히 유지했다. 여기에 더해 불을 피울 때 나는 연기가 구들장 아래를 지나 굴뚝으로 나가게끔 설계하여 방 안에 연기가 들어오지 않아 쾌적함을 유지할 수 있었다. 굴뚝 맨 위에는 '연가'라는 기와 장식을 설치하여 비를 막고 연기가 배출되는 것을 도왔다. 어디 그뿐일까. 아궁이 위에 솥을 얹어 밥을 짓고 국을 끓이기까지 했으니 얼마나 기특한 난방 장치인가.

요즘에는 서양에서도 따뜻한 물이나 전기를 사용하는 바닥 난방 시스템을 갖추어 집에 들어갈 때 신발을 벗는 가정이 늘고 있다. 우리 선조들의 지혜와 과학성이 담긴 온돌의 원리가 더 넓은 세계로 뻗어 가기를 고대해 본다.

해인사 굴뚝에 장식된 연가 A giant chimney called Yeonga with a house roof design top at the Haeinsa Temple

얼음이 갈라진 듯한 '빙렬' 무늬로 아궁이 벽면을 장식한 창덕궁 낙선재 A traditional Korean Hanok house with raised Ondol floors

한지로 마무리한 벽과 창 A traditional Korean house with windows and walls covered with Hanji

한지

Hanji, Korean Paper

글자와 같이 쓰여 온 종이, 한지

1000년을 간다는 한지는 닥나무 껍질을 원료로 만든 한국의 고유한 전통 종이이다. 한지 중에서도 고려 시대에 만들어진 한지인 '고려지'는 중국에서 최고급지라고 높이 평가할 만큼 품질이 으뜸이었다. 한지는 인쇄물뿐만 아니라 창호지, 벽지 등 다양한 생활필수품에도 사용되었다. 용도뿐만 아니라 원료, 색상에 따라서 간지, 경지, 계목지 등 다양한 이름으로 불렸다.

Korean Traditional Paper that will last 1000 years or more

Few countries in the world manufacture their own paper to record their history.

None can make paper that will last more than a thousand years, as traditional Korean paper Hanji does. The world's oldest woodblock printed text, the Spotless Pure Light Dharani Sutra was printed on Hanji paper some 1,300 years ago, between 704 and 751.

Hanji paper, made from the inner bark of the Dak tree, has almost unlimited uses. Koreans use the Hanji to write, paint, wallpaper, to make windows, floor-covering, door covers, weather flaps, and gaskets to seal doors and windows, wrap lanterns, make armor and fans, not to mention print books and to record history.

The Korean Hanji paper was always in high demand by neighboring kingdoms for their record-keeping. Neighboring cultures also made paper, but none as durable or long-lasting as Dak papers (Hanji). During the Goryeo period, Hanji was called Goryeoji.

The world's oldest surviving book printed with movable metal type, titled Jikji, currently being kept at the National Library of France, was printed on Hanji papers during the Goryeo period in 1377.

닥나무 껍질로 만든 한지 Hanji made from Paper Mulberry tree bark

질기면서 부드럽고, 강하면서 온화한 한국의 종이
한지에는 한국의 역사가 고스란히 담겨 있다.

　　인류 역사에서 여러 문명이 생겨나고 발달해 왔지만, 종이를 직접 만
들어 자기 역사를 기록한 나라는 몇 안 된다. 우리 선조들은 우리 땅에서
자라는 닥나무 껍질로 한지를 만들어 써 왔다. 대부분의 종이는 시간이 오
래 지나면 먼지가 되어 버리지만, 한지는 내구성이 좋고 보존성이 뛰어나
1000년을 간다고 알려져 있다. 직사광선과 불빛이 들지 않으며, 통풍이

잘되고 습도가 높지 않은 환경에서는 훨씬 더 오래 남아 있을 수 있다고 한다.

우리나라에서 종이를 만드는 기술이 꽃핀 것은 삼국 시대부터이다. 삼국 시대에 들어와 불교가 자리 잡기 시작했는데, 이때 한지에 불경 등을 인쇄했을 거라 짐작한다. 1966년 경주 불국사 석가탑을 보수하기 위해 해체하다가 발견된 《무구 정광 대다라니경》은 세계에서 가장 오래된 목판 인쇄물이자 한지 인쇄물로 인정받고 있다. 《무구 정광 대다라니경》은 닥나무로 만든 한지에 인쇄되었는데, 이때 사용된 한지가 1200년이 넘는 세월을 버틴 것은 '도침'이라는 기술 덕분이다. 도침은 종이 표면을 두드려 조직을 치밀하게 하고 보풀이 일지 않고 광택이 나게 하는 기술이다. 한지 중에서도 조직이 치밀하고 고른 것, 이물질이 없는 것, 종이를 들고 흔들었을 때 소리가 맑은 것, 종이 섬유를 빛으로 비춰 보았을 때 광택이 있는 것을 으뜸으로 치는데, 우리 선조들은 아주 오래전부터 도침을 하여 품질이 우수한 종이를 만들어 써 온 것이다. 조선 시대에는 왕실이나 나라에 중요한 행사가 열리면 그 내용과 과정을 기록하여 의궤를 만들었는데, 왕이 보는 어람용 의궤에는 최고급 한지인 '초주지'를 사용하여 먹이 잘 번지지 않도록 했다.

우리 선조들은 한지로 책이나 인쇄물뿐만 아니라 창호지, 벽지, 온돌지를 비롯해 부채, 지갑 등 다양한 생활용품, 심지어 갑옷까지 만들어 썼다. 일상생활 속에서 한지가 함께해 온 것이다. 오늘날 한지는 더 이상 옛것이 아니다. 꽃이나 생활 소품을 만드는 한지 공예, 한지로 만든 한복, 미술 작품 복원 재료에 이르기까지 한지의 역사는 지금도 계속되고 있다.

1200년대에 한지로 인쇄한 《대방광불화엄경》 Woodblock printing on Hanji from the 1200s

界微塵數等　各出十佛世　法界方便海　有十佛此界　佛皆悲顯現

한지로 만든 지화 연꽃 A Lotus paper flower by Jihwajang Ven. Seokyong

夫南明證道歌者實禪門之樞要也故後學
叅禪之流莫不由斯而入引堂覩奧矣然則
其可開塞而不傳通乎於是募工重彫
字本以壽其傳焉時已亥九月上旬中書
晉陽公崔 怡 謹誌

중도가자 금속 활자

Jeungdogaja Metal Movable Types

인류사 초기의 금속 활자 인쇄

《직지심체요절》은 세계에서 가장 오래된 금속활자본으로, 1377년 고려 시대에 인쇄되었다. 그런데 이보다 138년 앞서 1239년에 제작된 《남명천화상송증도가》 공인본이 목판본이 아닌 금속 활자본이라는 연구 성과가 최근 또 한 차례 관심을 모으고 있다. 2010년에는 이 공인본을 인쇄할 때 사용된 것으로 알려진 고려 시대 금속 활자, 일명 증도가자가 발견된 바 있다.

Korea's movable metal type printing

Ancient Korean culture was known for its innovations. For example, it had a moveable metal type printing press in the 13th century, hundreds of years before the Gutenberg press in the west. This is believed to be the first such printing press in recorded history.

The oldest known metal type printing is found in a 87-page Jeungdoga book, created by the Goryeo people in 1239 during a time of war and a clash of empires.

The full name for the book is "Nammyeong cheon hwasang song Jeungdoga," translated as Song of Enlightenment with Commentaries by Buddhist Monk Nammyeong Cheon.

Experts who analyzed the artifact reported a pattern ink on paper that proves its authenticity. Surface tension of the ink while on the type caused it to shrink into circular liquid drops when at rest. This pattern, evident in Jeungdoga, is characteristic of Korea's early metal type printing.

Korea's first invention of movable metal type printing tradition includes the world's first commercial daily newspaper Jobo in 1577. The Printing Renaissance of the East includes at least five Myeongjo fonts which are still used in Korea and Japan.

'마음 심(心)' 자가 새겨진 고려 시대 금속 활자 A metal type Hanja character which means heart, mind and or thoughts

고려의 빛나는 금속 활자 인쇄술을 증명하는
《남명천화상송증도가》를 재조명하며

　　현재 세계에서 가장 오래된 금속 활자본은 유네스코 세계 기록 유산으로
등재된《직지심체요절》이다. 그런데 이보다 앞서 고려의 문인 이규보가
쓴《동국이상국집》에《상정고금예문》을 금속 활자로 인쇄해 배포했다는
기록이 전해져 온다. 이러한 기록과 당시 상황을 종합했을 때 이미 13세
기 초 고려에서는 인류 목판 인쇄 기술의 엄청난 완성도를 보여 주는 팔

夫南明證道歌者實禪門之樞要也故後學

參禪之流莫不由斯而入升堂覩奧矣然則

其可閞塞而不傳通乎於是募工重彫鑄

字夲以壽其傳焉時已疚九月上旬中書令

晉陽公崔　怡　謹誌

賜也熙寧九年七月十日括蒼祝　況

만대장경판을 제작한 것은 물론 활자를 재활용해 인쇄판을 다시 편집할 수 있는 보다 능률적이고 획기적인 금속 활자 인쇄 기술 또한 갖고 있었다는 사실을 알 수 있다. 그야말로 고려인들이 이룬 독보적인 업적이다.

안타깝게도 현재 《상정고금예문》의 실물은 전하지 않지만, 《직지심체요절》보다 138년 앞선 금속 활자본이 남아 있다는 학설이 꾸준히 제기되고 있으며, 이를 입증하기 위한 학자들의 연구도 계속되고 있다. 최근 가장 뜨겁게 조명받은 주인공은 《남명천화상송증도가》 공인본이다. 《남명천화상송증도가》는 중국 당나라의 승려 현각이 '선'에 관한 깨달음을 노래한 〈영가진각대사증도가〉의 의미를 구체적으로 설명하기 위해 송나라의 승려 법천이 쓴 책으로, 고려에 전해져 금속 활자본과 목판본으로 제작되었다.

현재 남아 있는 《남명천화상송증도가》 판본은 모두 목판본으로 알려져왔다. 그러나 서지학자 남권희 교수는 이는 1239년 제작된 판본에 당시 고려의 무신이자 군사 정권 실세였던 최이가 손수 기록한 발문을 잘못 해석한 결과라고 이야기한다. 발문에는 "공인을 모아 금속 활자로 인쇄된 책을 거듭 새겨 길이 전하고자 하노라."라고 기록되어 있는데, 이때 거듭 새겼다는 말은 목판이 아닌 금속 활자로 새겼다고 보는 것이 타당하다는 것이다.

또 다른 근거로 《남명천화상송증도가》 삼성본에 나타나는 목판 인쇄의 특징과 공인본에 나타나는 금속 활자 인쇄의 특징을 비교, 분석한 결과 공인본에서 초기 금속 활자 인쇄 기술의 특징이 뚜렷이 나타난다는 점을 든다. 금속 활자를 만들 때 생기는 기포 흔적, 먹물의 표면 장력(액체의 표면이 스스로 수축하여 가능한 한 작은 면적을 취하려는 힘) 때문에 금속 활

공인본과 글자 모양이 확연하게 달라 보이고 보존 상태가 양호한 《남명천화상송증도가》 삼성본(목판본)의 발문
The "publication statement" of the Jeungdoga book, a National Treasure, in woodblock printing

자 표면에 먹물이 고르게 묻지 않고 물방울처럼 모인 상태에서 인쇄되어 나타나는 먹물 점박이 현상, 손질이 거칠게 되어 쇠 부스러기(너덜이) 등이 붙어 있는 활자 인쇄 흔적 등이 책 전체에서 또렷하게 많이 발견된다는 것이다.

고려는 1231년 몽골의 첫 침공 이후 40여 년간 몽골과 큰 전쟁을 치렀다. 불교 국가였던 고려는 부처의 힘으로 몽골을 물리치기 위해 목판 인쇄로 초조대장경을 제작했으나, 1232년 경판이 불에 타 버려 1236년부터 15년간 팔만대장경판을 제작하는 데 온 국력을 쏟았다. 1234년에는 수도마저 강화도로 옮겨야 했던 어지러운 상황 속에서도 《남명천화상송증도가》의 중요성을 인식했다. 여기에 상대적으로 제작 시간과 비용, 인력이 덜 드는 데다 반영구적으로 사용할 수 있는 금속 활자 인쇄 방식을 결합한 것으로 보고 있다.

일본 쓰쿠바기술대학교의 류현국 교수는 논문 발표에서 '200자 원고지'의 유례를 다음과 같이 밝혔다. "400년 전에 정립된 조선 시대 동활자판의 규격은 10행간 20자로 200자 판형이었고, 모든 출판물에서는 한 쪽의 규격을 200자(또는 양쪽 400자)로 1884년까지 200여 년간 유지했다."

그러니까 고려 사람들이 인류 최초로 선보이고 활용한 금속 활자 인쇄 기술이 조선 시대로 이어져 20칸, 10행의 인쇄 규격이 뿌리내린 것이다. 그리고 이 규격은 오늘날의 200자 원고지까지 이어지고 있다.

불량한 금속 활자로 인쇄되어 '非(아닐 비)' 자에 획이 하나 빠져 있는 《남명천화상송증도가》 공인본
An early movable metal type printing shows a missing stroke, an early metal type printing error

非
通
非

김치

Kimchi

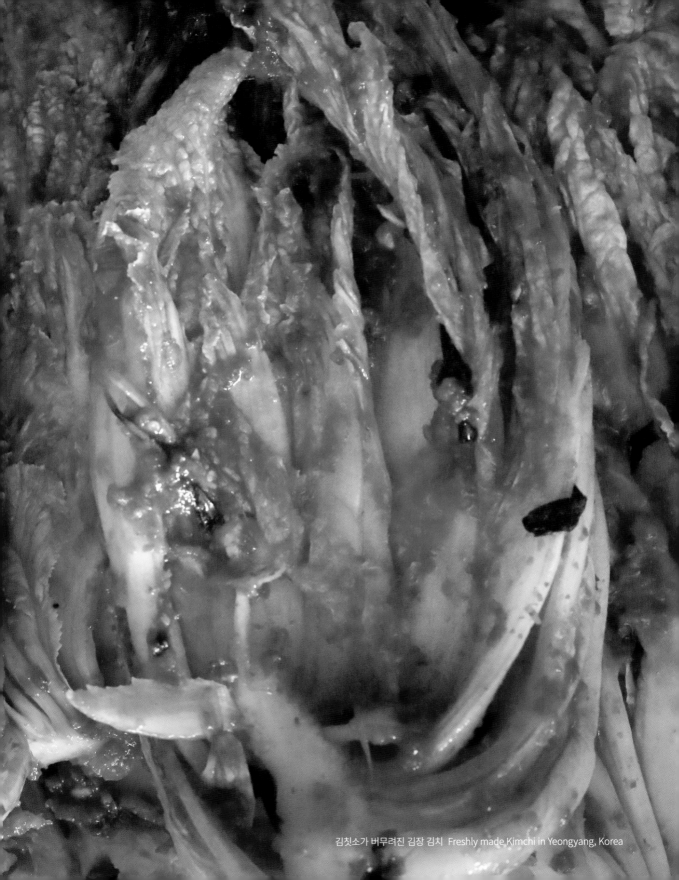

김칫소가 버무려진 김장 김치 Freshly made Kimchi in Yeongyang, Korea

한국인의 유전자에 저장된 맛

'배추, 무 등의 채소에 고춧가루, 마늘, 파 등으로 만든 양념을 버무려 발효시킨 식품', 김치의 사전적 설명이다. 한국에서는 수천 년 동안 지역과 계절에 따라 다른 재료와 방법으로 김치를 담그고 보관해 왔다. 김치 하면 빼놓을 수 없는 것이 '김장' 문화이다. 겨울을 대비해 가족과 이웃이 모여 많은 양의 김치를 함께 담그고 나누는 김장 문화는 2013년 유네스코 인류 무형 문화유산으로 등재되었다.

Kimchi, the indispensable National Dish of Korea

Over its long history, Kimchi has been the staple of Koreans everywhere. Kimchi taste can vary regionally, and there are several hundred varieties of Kimchi with countless probiotics health benefits.

Korean dining tables are not complete without some kind of Kimchi mostly fermented and some freshly made Kimchi served like salads. Korean families have a Kimchi refrigerator or two, which maintains the optimal temperature of minus one degree Celsius, just below freezing point.

Before the introduction of modern refrigerators, Koreans traditionally had an annual ritual of making Kimchi for the whole year called Kimjang. No family event brings the whole family together like the Kimjang, when everyone helps out to make an annual supply of Kimchi, usually in the first week of November before the winter freeze.

The taste of Kimchi has everything to do with how well the cabbage is soaked in brine and then salted with sea salt which is known for its healthy minerals from Korea's Getbol sea salt farms.

"Properly aged sea salt which has been drained of sea water does not wet your hands and it has a sweet and refreshing aftertaste," said Nam Ae-gyeong, a Korean food expert.

고춧가루 없이 담근 백김치 Baek-kimchi with mild and clean flavor made without the chili pepper powder

수천 년 동안 한국인의 밥상에서 빠지지 않는 김치.
수백 가지 맛도 김치를 담그고 나누는 풍습도 모두 '한국'의 것이다.

　우리 민족의 영토, 역사, 언어, 그리고 문화 중에 절대 빼앗길 수도, 잃
어버릴 수도 없는 것이 있다면 바로 김치이다. 대한민국 대통령을 따라 미
국에 온 한국의 취재진들이 워싱턴 D.C.에 도착한 후 맨 먼저 찾는 음식에
김치가 늘 빠지지 않는다. 취재를 위해 백악관에 드나들 때, 한식으로 구
성된 저녁 식사를 주문하는 날이 있었다. 그런 날이면 백악관 West Wing

기자실에 김치 냄새가 가득 차곤 했다. 최근에는 미국의 대형 마트에서도 한국의 김치가 판매되고 있으며, 미국 여러 주에서 '김치의 날'을 제정할 만큼 김치에 대한 세계인의 관심이 높아지고 있다.

우리나라는 사계절이 뚜렷하고 지역마다 지형과 기후가 다르다 보니, 김치의 종류와 김치를 담그는 방법이 매우 다양하다. 김치를 담글 때 쓰이는 주재료만 해도 무려 200여 종이나 된다. 김치는 삼국 시대에 먹었던 채소 절임을 시작으로 국물 있는 김치를 담가 먹었던 고려 시대를 거쳐, 조선 시대에 들어와 오늘날 우리가 먹고 있는 형태로 자리매김했다.

우리 조상들은 채소를 구하기가 힘들었던 겨울을 대비해 미리 김치를 한꺼번에 담갔다. 이것이 바로 '김장'이다. 보통 가을걷이가 끝나고 첫서리가 내리기 전에 배추와 무를 수확해서 김장을 한다. 최고의 맛을 얻으려면 온도가 중요한데, 우리 선조들은 김장 김치를 김칫독에 넣은 다음 땅속에 묻어 발효시켰다. 땅속은 온도가 일정해 김치의 맛과 신선함, 영양이 쉽게 변하지 않았기 때문이다.

해마다 김장철이 다가오면 집집마다 식구들과 이웃들이 둘러앉아 절인 배추에 양념을 버무리며 함께 김치를 담근다. 김장은 아주 오랫동안 여러 세대를 거쳐 전해 내려온 우리의 풍습이자 문화이다. 이러한 가치를 인정받아 2013년 '김장, 한국에서의 김치 만들기와 나누기'라는 이름으로 유네스코 인류 무형 유산에 등재되었다. 김치를 담그고 나누는 전통, 그 자체가 한국인의 정체성인 것이다.

제주마 *Jeju Horses*

역동적으로 뛰는 제주마 Jeju Horses with unusually long forelock and horse feathers are on the move

선사 시대부터 사람과 함께해 온 말

제주마는 고려 시대에 한국의 토종말과 몽골의 말 혈통이 혼합된 뒤, 제주도 환경에 적응하면서 고유한 특징을 지닌 말로 진화했다. 몸집이 작아 '과하마' 또는 '토마'라고도 불린다. 건강하고 온순한 것이 특징이며, 털색이 다양하다. 안타깝게도 멸종 위기에 처해 있었는데, 제주마의 혈통을 지키기 위해서 1986년 천연기념물로 지정하여 보호하고 관리하고 있다.

Jeju Horses, natives of ancient Tamna Kingdom

For most of its history, Jeju Island was better known as the Tamna Kingdom.

Jeju Horses have 50 different shades from black to white. The natural selection which went on for millennia, plus the human-led injection of 160 Mongolian horses in 1276, resulted in hybrid vigor for the Jeju Horse breed, explaining the variations in coat colors.

Fossilized footprints of Jeju Island's treasured native horse are found along with human footprints from around 3,600-4,000 years ago, when volcanic ash from a nearby eruption blanketed the region.

Jeju Horses, with their tough hooves that have naturally evolved to walk over rocky volcanic islands, do not need horseshoes. They are still very primitive animals with wild instincts. They can read human body language and facial expressions well, like a companion dog.

At 119 centimeters to 122 centimeters in height at their withers, Jeju Horses are considered a comfortable size for horseback riding.

There used to be organized horse fights, where two stallions would bite each other until one ran away. The 2008 animal protection law banned all horse fighting.

제주도의 말 발자국 화석 Fossilized footprints of Jeju Island's treasured native horse, Natural Monument

한라산 중턱의 넓은 초원 위를 뛰어다니는 제주마.
제주마의 역사는 선사 시대로 거슬러 올라간다.

2004년 제주도 안덕면 사계리 해안가에서 사람 발자국을 비롯해 말, 코끼리, 사슴, 새 등의 동물 발자국이 남아 있는 화석층이 발견되었다. 약 3600~4300년 전에 형성된 퇴적층으로 확인되었는데, 이를 통해 선사 시대부터 이곳에 말이 살았음을 짐작할 수 있다.

13세기 고려에는 30년 가까이 몽골의 침략이 이어졌다. 삼별초가 강화

도, 진도, 제주도로 옮겨 가며 싸웠지만, 결국 몽골이 제주도까지 점령하게 되었다. 몽골은 1276년 '대완마'라는 말 160필을 제주도에 들여왔는데, 제주마가 이 말들과 섞이고 진화하면서 건강하고 번식이 잘되고 온순한 '잡종 강세' 특징을 지닌 말이 된 것이다. 고려와 조선 시대에는 제주도에서 말을 키워 나라에 바치기도 했다. 제주도에서 목장을 운영하던 김만일은 나라에 위기가 닥칠 때마다 제주마를 전투용으로 나라에 바쳤는데, 그 수가 무려 1000필에 이르러 높은 벼슬을 받기도 했다.

제주마는 흔히 '제주 조랑말'이라고 하는데, 과일나무 아래를 지나갈 수 있을 정도로 몸집이 작다고 하여 '과하마'라고도 불린다. 말굽이 워낙 단단해 말굽을 보호하기 위해 대어 붙이는 편자가 따로 필요없다. 제주마는 털색도 다양하다. 검은색, 회백색, 붉은색, 갈색, 회색, 얼룩색, 크림색 등 털색의 이름만 해도 50가지가 넘는데, 가장 우수하고 인기 좋은 말은 털색이 온통 검은 '가라말'이다. 가라말 중에서도 이마에 하얀 반점이 있고 네 발이 하얀색 양말을 신고 있는 것처럼 보이는 강인한 '오명마'를 으뜸으로 친다.

계절 번식 동물(1년 중 특정 시기에만 번식하는 동물)인 제주마는 3~5월에 짝짓기를 해 보통 11개월의 임신 기간을 보내다가 다음 해 봄에 망아지를 낳는다. 제주마를 평생 연구해 온 장덕수 교수에 따르면 1년 전과 같은 날에 망아지를 낳는 암말도 있다고 한다. 까만 구두를 신은 것처럼 앙증맞은 말굽에 다양한 털색을 가진 망아지들. 이 사랑스러운 제주마 망아지들이 더는 멸종 위기에 처할 걱정이 없이 뛰어놀 수 있도록 잘 보호하고 관심을 기울이면 좋겠다.

장난치며 놀고 있는 제주마의 망아지들
Jeju foals with shiny hooves play at Jeju Horse Pasture on Hallasan Mountain, Jeju Island

석양을 뒤로 하고 한라산 제주마 방목지에서 풀을 뜯고 있는 제주마 A Jeju Horse feeds at sunset on Jeju Island

사진으로 보는 우리 문화유산 VISUAL HISTORY of KOREA

초판 1쇄 발행 2022년 9월 30일   초판 5쇄 발행 2024년 2월 25일
개정증보판 1쇄 인쇄 2025년 3월 20일   개정증보판 1쇄 발행 2025년 4월 10일

사진·글 강형원
발행인 양원석   발행처 (주)알에이치코리아(등록 2004년 1월 15일 제2-3726호)
본부장 김문정   편집 박진희, 김하나, 정수연, 고한빈   디자인 조은영, 김민
해외저작권 안효주   마케팅 안병배, 박겨울, 김연서   제작 문태일, 안성현
주소 서울시 금천구 가산디지털2로 53, 20층(한라시그마밸리)
편집 문의 02-6443-8921   도서 문의 02-6443-8800
홈페이지 www.rhk.co.kr   페이스북 facebook.com/rhk.co.kr   인스타그램 @rhkorea_books
블로그 blog.naver.com/randomhouse1   유튜브 youtube.com/randomhousekorea

ISBN 978-89-255-7401-1 (03910)